AF589714

MÉMOIRE
APOLOGÉTIQUE
DE PIERRE BRUGIÈRE,

CURÉ DE SAINT-PAUL:

SUIVI

DE NOTES ET PIÈCES JUSTIFICATIVES;

D'UNE LETTRE à ses Paroissiens, pendant sa captivité;

Et de son dernier DISCOURS, *prononcé le Dimanche de* Quasimodo, *an XI, la veille du jour où la chapelle des Filles-Ste.-Marie a été fermée aux Caholiques, pour être occupée par les Protestans.*

A PARIS.

An XII. (1804).

PRÉFACE.

Présenter aux Fidèles le *Mémoire Apologétique* de M. Brugière, c'est leur offrir un de ces témoignages consolants de l'immutabilité des promesses que Jésus-Christ a assurées à son Eglise, pour la conservation du dépôt de la foi. Depuis sur-tout deux siècles, on fait une guerre ouverte à la Religion, et l'on foule aux pieds les vérités les plus précieuses du dogme et de la morale. M. *Brugière* consacra toute sa vie à les enseigner, à les pratiquer, à les défendre. Ses études, ses travaux, sa patience au-milieu des contradictions les plus obstinées et les plus atroces, ont été le fruit de ce zèle vif, éclairé, inaltérable avec lequel il aima la vérité, il chérit l'Eglise, il se dévoua à toutes les branches du ministère apostolique : et nous bénissons Dieu, qu'il ait inspiré à ce savant et pieux ecclésiastique d'en consigner les traits les plus marquants dans ce beau *Mémoire*. Voilà le point de vue sous lequel nous le présentons aux lecteurs chrétiens.

Oui, l'homme en doit, pour-ainsi-dire, disparaître (*), ou n'y figurer que comme

(*) On ne trouvera point ici de réponse à des inculpations d'un certain genre, marquées au coin de l'imposture la plus grossière, et que la Providence elle-même semble avoir pris soin de confondre : M. Brugière les a toujours méprisées. Mais combien son cœur a dû souffrir de les voir accueillies par les personnes mêmes chez qui elles auraient dû trouver le moins d'accès ! Il n'en a jamais parlé ; il ne s'est jamais plaint ni des calomniateurs, ni de ceux qui ont prêté l'oune preuve effective de cette force évangelique dont J. C. comble des ministres choisis, pour perpétuer les témoins fidèles de la vérité. M. *Brugière*, en adoptant le langagé vigoureux qu'on trouve dans ce *Mémoire apologétique*, n'a eu d'autre objet que de faire sentir la justice de la cause qu'il a défendue jusqu'au dernier soupir. Aussi, malgré la nécessité inévitable de parler des travaux de son ministère, sa modestie lui faisant craindre quelque saillie de l'amour-propre, il n'en commence le récit que par la confession de sa faiblesse, et par rapporter uniquement à Dieu toutes les lumières qui l'ont dirigé, et toute la force qui l'a soutenu dans sa pénible carrière.

La nécessité d'une réforme salutaire dans l'Eglise Gallicane, et les heureux effets de la Révolution à cet égard, par la constitution civile du clergé, ouvrent le tableau intéressant que M. *Brugière* nous présente dans son *Mémoire* : c'est par-là qu'il fait sentir d'avance la sagesse des mesures que son zèle exigeait de lui dans une circonstance aussi favorable pour régénérer cette Eglise.

Ce détail intéressant est précédé par quelques notices historiques, sur la naissance, les études, les engagemens et les travaux ecclésiastiques de M. *Brugière* avant l'époque de la Révolution. Que ces traits sont de nature à nous faire regretter le laconisme sévère que sa vertu lui inspira dans cette partie du *Mémoire* ! Malgré cette réserve, on y voit assez

reille à la calomnie : et ce n'est que depuis sa mort, que plusieurs de ses meilleurs amis en sont informés. C'est un des traits qui honorent le plus la patience, la bonté et la charité de ce digne pasteur.

un homme très-instruit dans la science sainte, porté toujours au travail, ferme dans cet amour de la vérité, qui, en le caractérisant, lui attira la haine des uns, et des coups de despotisme de la part des autres.

La Révolution, en arrêtant pour quelques instans le cours de ces vieilles tracasseries, exposa M. *Brugière* à des épreuves d'un autre genre. C'est-là que commence la carrière la plus épineuse de ce digne pasteur.

Son serment relativement à la constitution civile du clergé, sa nomination toute canonique qu'elle était, à la charge pastorale, ses travaux comme membre du presbytère de Paris et des deux conciles nationaux, son esprit de désintéressement dans l'exercice du ministère, son application à remplir fidèlement tous les devoirs de bon pasteur et de bon citoyen, les réformes utiles et même nécessaires qu'il opéra dans le régime de la vaste paroisse de S.-Paul, voilà ce qui forme le sujet de la partie la plus détaillée et la plus intéressante de ce *Mémoire apologétique*. On trouve dans tout ceci la clef et le développement des persécutions que M. *Brugière* éprouva long-temps de la part du pharisaïsme; comme son amour pour tout ce qui est religion, et même pour la discipline ecclésiastique, avait excité la haine des impies et des terroristes. Cependant, au-milieu de toutes ces contradictions, et même des crises les plus féroces de la tyrannie révolutionnaire, il ne cessa d'exercer le culte avec un courage inaltérable. On sera peut-être surpris de voir que des hommes qui, par caractère et par état, auraient dû épargner davantage cette victime de la foi et de la charité pastorale, ne rougirent pas de se joindre aux ennemis de la Religion, pour accabler ce fidèle ministre de J. C. Hélas ! il faut le dire : il était réservé à cette lie des temps de voir l'ignorance et le fanatisme de certains ecclésiastiques s'amalgamer, pour-ainsi-dire, au philosophisme des incrédules. Oui, c'est par cette étrange réunion qu'on a vu gémir, sous le fléau des persécutions de toute espèce, des évêques et des prêtres d'une piété et d'un zèle à toute épreuve : ces hommes apostoliques, dont le courage a sauvé les restes de l'Eglise de France, et vengé la Religion de J. C.

Forcé à nous renfermer dans les bornes qui conviennent à une préface, nous ne suivrons pas ici M. *Brugière* dans le développement des inculpations qu'on a lancées contre lui, surtout pendant les treize ou quatorze dernières années de sa vie, ni dans la suite des argumens qui justifient toutes les opérations de son ministère pastoral. Au-lieu d'une analyse qui énerverait des objets très-intéressans, nos lecteurs verront ici avec satisfaction quelques notices historiques sur la vie de l'Auteur : c'est un supplément nécessaire à ce que sa modestie nous a laissé ignorer, sur sa naissance, sa famille, son pays, ses études, ses emplois, sa conduite, ses sentimens, etc. Nous tenons ces particularités, tant de lui, que de quelques-uns de ses amis.

Ce fut dans son pays, à l'âge de 12 ans, qu'il perdit un œil par un trait d'arbalête qu'un de ses condisciples lui lança par mégarde; et non, comme l'ont prétendu quelques-uns, dans les prisons de la Bastille, où il ne fut jamais; ni, comme l'ont débité quelques-autres, dans celles de Charenton, où il ne fut pas davantage. Il n'a jamais éprouvé d'autre incarcération que les deux dont il fait mention dans son *Mémoire* : la première dont la cause lui fera toujours le plus grand honneur dans l'Eglise de Dieu ; et la seconde, comme bien d'autres, par des ordres arbitraires, et sans cause, comme il paraît, tant par son interrogatoire, que par son élargissement.

Elevé dans les principes de Port-Royal, on lui a entendu dire qu'il n'avait jamais souillé sa main par la signature du Formulaire, que la Providence lui en avait épargné jusqu'à la tentation, M. de la Garlaye, évêque de Clermont, qui lui avait conféré tous les ordres, n'exigeant plus, dans le temps de son ordination, cette signature, dont il avait reconnu, ou les inconvéniens, ou l'injustice : et, pendant tout le temps qu'il a été chargé de la paroisse Saint-Paul, il n'a jamais manqué aucune occasion de se déclarer contre le Formulaire et la Bulle *Unigenitus*, et de faire en même temps l'éloge de MM. de Port-Royal, qui refusèrent la signature, et des quatre célebres évêques qui appellèrent de l'autre.

On voit, dans ce *Mémoire*, l'intérêt que M. *Brugière* mettait à se justifier sur l'article de l'usage de la langue française dans les offices divins. Cela nous engage à consigner ici quelques notices intéressantes sur cet article.

Il a souvent dit à ses amis comment il avait été déterminé à administrer les sacremens en français. Appellé, dit-il, dans le temps de la terreur, auprès d'un malade, pour lui donner les derniers secours de l'Eglise, sa famille se joignit à lui pour me prier de faire l'administration en français. Je me rendis sans peine à leur désir, et je n'eus pas lieu d'en être fâché. Quelle délicieuse sensibilité j'éprouvai, lorsque, témoin du recueillement et de l'attention, tant du malade, que des assistans, je les vis s'unir tous, d'esprit, de cœur et de bouche, aux prières de l'Eglise, et répondre à tout, avec les sentimens de la plus vive foi! J'en fus pénétré jusqu'aux larmes. Quelle différence, entre l'usage d'une langue morte, que les fidèles n'entendent point, et celui d'une langue vivante, qu'ils entendent! Comme ils étaient édifiés, attendris, touchés, reconnaissans! Depuis cela, continue-t-il, je me suis toujours fait un devoir d'administrer les sacremens en français, et j'y ai toujours remarqué un recueillement, une attention, une piété, une édification que je n'y appercevais pas auparavant.

Cependant il lui restait encore un fond d'opposition pour l'usage de la langue vulgaire dans le service divin, comme il le témoigna à un de ses amis, qui s'occupait beaucoup de cet objet, et cela, comme bien d'autres, par pure habitude, et faute d'y avoir assez réfléchi. Mais vers la fin de l'an VII, la *Réclamation* imprimée, *du Presbytère de Paris*, contre le *Projet du sacramentaire français*, que ces Messieurs condamnaient sans l'avoir ni lu, ni vu, lui donnant lieu d'approfondir cette matière, ce qui lui restait d'opposition se dissipa peu-à-peu, à mesure qu'il l'approfondissait. L'ami dont nous venons de parler, à qui il s'en expliqua, lui communiqua alors, en manuscrit, une *Dissertation* qu'il venait de faire, *sur la célébration du service divin en langue vulgaire*, qui fut imprimée dans le courant de frimaire an VIII. Notre respectable défunt en ayant trouvé les principes exacts, y donna son approbation, qu'on trouvera en note dans ce *Mémoire* (*) ; et, peu après, il publia son *Appel au Peuple Chrétien*, de la *Réclamation contre le sacramentaire.* Vers le commencement de l'an IX, ayant loué l'église Sainte-Marie, où il officia pour la première fois le jour de la Toussaints, nombre de ses paroissiens, qui avaient assisté à quelques-unes des administrations des sacremens qu'il faisait en français, et qui avaient lu son *Appel au Peuple Chrétien*, ainsi que la *Dissertation* dont nous venons de parler, le prièrent de faire chanter, à la suite des complies, des pseaumes, des hymnes, et quelques autres choses semblables, en français, ce qu'il leur promit avec plaisir. Mais d'autres, qui lui étaient fort attachés, craignant que cet exercice de piété dont ils reconnaissaient d'ailleurs toute l'utilité, ne devînt pour ses ennemis un prétexte de le calomnier, vinrent, avant les vêpres, lui témoigner leurs inquiétudes à ce sujet. Je pourrais, répondit-il, avoir égard à cela, si je ne l'avais pas promis ; mais je l'ai promis. Quelques-uns de ceux qui en avaient fait la demande se trouvant présens, dirent que si ce qu'ils avaient proposé pour l'édification commune, donnait de l'inquiétude à quelques-uns, M. le curé était bien libre de les rassurer, en ne le faisant point : à quoi il se rendit aussi-tôt. Quoi ! dit alors un de ses amis, vieillard aussi respectable par sa science et ses lumières, que par sa vertu et son âge, on ne trouve pas mauvais qu'en beaucoup d'églises, on chante,

(*) L'auteur n'en fit point usage, non plus que de celles de nombre d'autres, tant évêques que curés et autres prêtres, qu'il conserve avec soin, ainsi que celle-là, dans son porte-feuille.

hors les offices et quelquefois même pendant la célébration des SS. Mystères, des cantiques qui ne sont que l'ouvrage des hommes, et on trouverait mauvais qu'après les offices, on en chantât ici qui sont l'ouvrage de l'Esprit-Saint! S'il fallait avoir égard à de pareilles considérations, on n'établirait jamais rien d'utile. Cette observation ayant été goûtée de tout le monde, on chanta en effet, après complies, ce qu'on avait préparé pour ce jour-là: savoir, les pseaumes *Ecce quam bonum* et *Cantate*, les hymnes *Hymnis dum resonat* et *Adorote*, enfin le *Te Deum*, le *De profundis* et le *Laudate*. Le tout fut exécuté à la grande satisfaction de tous les paroissiens, dont la plûpart en furent attendris jusqu'aux larmes. Un seul se retira. Les autres en témoignèrent, dans le courant de novembre, leur satisfaction et leur reconnaissance à M. Brugière, et le prièrent d'en user de même par rapport aux prières si touchantes de l'Avent et du Carême, telles que le *Rorate* et l'*Attende*: ce qu'il fit. Et, depuis cela, il continua toujours cet exercice de piété, tous les dimanches, tant qu'il posséda l'Eglise Sainte-Marie. Un respectable curé, après en voir été témoin, s'écriait: Quel immense fond de lumières et d'instructions cet usage ne procurerait-il pas aux fidèles, s'il avait lieu dans tout le service divin?

Un curé des environs de Beauvais, s'y étant rencontré par hasard, demanda à quelqu'un qui était à côté de lui, si on en usait ainsi dans toutes les églises de Paris. Non, lui dit-on, cela n'a lieu qu'en celle-ci. Tantpis, reprit-il, car cela serait bien utile pour l'instruction des fidèles. Un autre, du pays Chartrain, qui ne croyait pas que le chant des pseaumes en français pût avoir aucune grace, voulut s'en convaincre par lui-même. Il vint donc à Sainte-Marie, et en fut si satisfait, qu'il dit à M. *Brugière* : J'ai, dans peu, des Premières Communions à faire dans ma paroisse; j'ai coutume d'y préparer mes jeunes gens par le chant des *litanies* et des *Pseaumes de la pénitence* en latin, mais, cette année, on les chantera en français. M. Royer, prédécesseur de M. de Belloy sur le Siége de Paris, qui, dans son *adhésion à l'Avis motivé*, avait dit que c'était *la philosophie de nos jours qui cherchait à s'introduire dans le catholicisme; qu'elle suivait la marche des hérésies du XVI*[e] *siècle, telle que l'usage de la langue vulgaire*, étant venu à l'office à Sainte-Marie, le jour de la Commémoration de Saint-Paul, an X, éprouva, au salut français, ce qu'avait autrefois éprouvé Saül à la rencontre d'une troupe de prophêtes, parmi lesquels il prophétisa comme eux, au grand étonnement de tout le monde; car, entraîné par le concert unanime de tant de voix si vives et si animées, il ne put se défendre d'y mêler la sienne, et chanta, de tout son cœur, en français, comme les autres.

Feu M. l'abbé Leroi, qui, pendant trois ans, n'a cessé de répéter si fréquemment dans ses instructions, combien il serait utile aux fidèles de revenir à l'usage primitif de la langue vulgaire dans le service divin, est un de ceux qui excitèrent et encouragèrent plus fortement M. *Brugière* à cette pratique. Un de ses amis ayant ouï dire qu'il avait avoué à quelqu'un, que s'il avait été à la place de M. *Brugière*, il n'aurait jamais fait ce qu'il faisait, fut d'autant moins porté à le croire, que personne ne savait mieux que lui tout ce que

M. Leroi avait dit et fait publiquement sur cela, et comment il l'avait excité et encouragé lui-même à faire sa *Réclamation des fidèles*, etc., en faveur de l'usage primitif de la langue vulgaire dans le service divin, qu'il lut et relut plusieurs fois, et dont il paya l'impression : cependant, voulant s'assurer de ce qui en était, il lui demanda si, en effet, il avait dit cela : Oui, répondit-il, je l'ai dit et je le dis encore : je ne l'aurais jamais fait. J'ai eu, continua-t-il, assez de courage pour en parler publiquement et fortement dans mes instructions ; j'ai eu assez de courage pour exciter et encourager vivement M. Brugière à le faire ; j'ai eu assez de courage pour prendre publiquement sa défense contre ceux qui l'en blamaient ; mais je n'aurais jamais eu assez de courage pour le faire. Pendant sa maladie et jusqu'à la mort, il s'est souvent félicité, avec ses amis, d'y avoir coopéré par ses avis et ses exhortations, et a témoigné sa reconnaissance à celui de ses collègues qui l'avait prévenu sur ce point, auquel, sans lui, il n'aurait, peut-être, dit-il, jamais pensé.

Il en a été de même de M. *Brugière*. Il a travaillé sur ce sujet jusqu'au moment où il s'est mis au lit, et s'en est sans cesse occupé dans sa maladie. Vers le commencement de juillet, il pria l'ami qui lui avait fourni tous les moyens d'exécution pour le chant, de continuer de s'occuper de la langue vulgaire, et de lui faire part de ses réflexions sur ce sujet, qu'il voulait traiter avec étendue; et surtout de recueillir et de mettre dans un ordre suivi tout ce qui s'était chanté en français, à Ste-Marie, et de le completter, en y ajoutant ce que le temps et les circonstances n'avoient pas permis d'y chanter. J'en ferai, dit-il, imprimer, à la main, une copie bien proprement. Si elle ne sert pas à nons, elle servira à d'autres : si la prévention ne permet pas d'en faire usage à Paris, du moins j'ai la confiance bien fondée, qu'on en fera usage ailleurs. L'ami n'a fourni que peu de choses sur le premier objet, le second étant plus que suffisant pour l'occuper tout entier. Nous croyons devoir prévenir ici, sans les connaître, ceux qui doivent faire usage de cet intéressant recueil, qu'il a été achevé vers le milieu d'octobre, et, pour-ainsi-dire, sous les yeux du respectable défunt, qui l'avait si à cœur, que, tant avant que pendant sa maladie, il eut toujours soin, tous les dimanches en recevant la visite de l'auteur, de s'informer où il en était de son travail, à quoi celui-ci répondait en lui mettant sous les yeux ce qu'il avait fait dans la semaine. L'ouvrage entier forme un volume de 300 pages *in*-8°, qui contient le chant des Pseaumes, des Hymnes, des Proses, des Saluts, des Lamentations, de la Passion, et enfin de l'Ordinaire de la Messe.

Nous avons déjà regretté que M. *Brugière* ait gardé le plus grand silence sur ce qui le regardait personnellement. C'est pour remplir en quelque façon ce vide, que nous continuerons de consigner ici quelques traits des plus marquans de ses vertus chrétiennes et pastorales.

Un jour qu'on parlait de lui dans un corps-de-garde de sa section, les uns le traitaient d'intrus, et les autres d'homme original et singulier. Pendant qu'ils rapportaient quelques traits de sa prétendue singularité, un carossier prit la parole, et dit : Vous en direz et vous en penserez tout ce qu'il vous plaira, pour moi, je lui ai vu faire une action qui m'a donné de lui la plus haute estime. Me trouvant, un jour, chez un Juge de paix, je l'y vis se promenant dans la salle, pendant qu'un créancier disputait vivement devant le Juge de paix, et pressait fortement son débiteur de le payer. Celui-ci représentait que, depuis long-temps, ils n'avait pas d'ouvrage; que sa femme, accouchée depuis peu, était dangereusement malade des suites; qu'il le priait d'avoir égard à sa position, et de lui accorder du temps; qu'il le payerait; qu'il n'y perdrait rien: mais le créancier, après l'avoir accablé d'injures, lui dit: tu me payeras sur-le-champ, sinon je fais tout vendre chez toi, jusqu'à la paillasse de ton lit et aux cendres de ton feu. A ces mots, M. Brugière, indigné, ne peut plus y tenir: il se retourne brusquement; et, portant un regard d'impatience sur le créancier, il dit au débiteur: combien lui devez-vous? Deux cents francs, citoyen, lui répondit-il. Les voilà, reprend M. Brugière, payez-le. Et, pendant que celui-ci jette un coup-d'œil rapide sur l'assignat de 200 francs, M. Brugière part comme un trait. En vain le débiteur porte-t-il les yeux de tous côtés dans la salle pour retrouver l'objet de sa reconnaissance, il est disparu, et l'homme obligé ignore jusqu'à la figure de son bienfaiteur.

Dans un temps où les honoraires de M. *Brugière* ne s'élevaient qu'à 18 francs par mois, un évêque revenu d'émigration, exposé, d'un côté, à la sévérité de loix; et de l'autre, réduit à la plus grande misère, vint confidemment trouver M. *Brugière*, et lui fit part de sa pénible situation. Aussitôt ce sensible et charitable pasteur tire deux écus de six francs de sa poche, les lui remet, en disant : voilà tout ce que je possède ; je voudrais avoir davantage, je vous le donnerais de tout mon cœur. Et, comme celui-ci s'épuisait en reconnaissance et en promesses, M. l'évêque, reprit M. *Brugière*, je n'attends ma récompense que du Ciel.

Ayant appris qu'une famille était dans le plus grand besoin par la maladie du mari et de la femme, il les secourut jusqu'à parfaite guérison, fournit au mari de quoi avoir du cuir pour travailler, et à la femme, pour retirer des vêtemens du Mont-de-Piété, et témoigna toute sorte de reconnaissance à la personne qui, en lui donnant cet avis de leur situation, l'avait mis dans le cas de faire une si bonne œuvre.

Ayant su qu'une veuve, chargée de cinq enfans, était dans un grand besoin, il contribua à l'équipement d'un qui avait obtenu une place de sous-lieutenant, et pourvut à l'instruction et éducation des plus jeunes.

Une personne lui parlant de la gêne où elle se trouvait, vu le peu de valeur des assignats, il lui en remit une poignée dans les mains, à titre de prêt, sans vouloir les compter, ni qu'on les comptât devant lui.

Nous pourrions citer ici cent autres traits semblables de sa charité, sur lesquels il gardait le plus profond silence ; mais que la reconnaissance publie aujourd'hui, sans compter une infinité d'autres qui ne sont connus que de Dieu. Mais, pour abréger, nous nous bornerons aux détails suivans, que nous tenons, pour la plûpart, d'une personne qui a été la plus à portée de le connaître, et qui ne l'a pas quitté un instant durant toute sa maladie.

Rien n'est plus difficile, dit cette personne,

que de faire l'analyse des bonnes œuvres de M. *Brugière* : il les cachait avec tant de soin, que quelque recherche qu'on en fasse, on n'en pourra jamais connaître qu'une très-petite partie. En voici quelques-unes, entre mille, qu'il a envoyées devant lui.

Quoiqu'il fût très-sensible pour les autres, il était extrêmement dur pour lui-même. Il coucha toujours sur une paillasse, jusqu'à ce qu'étant à Saint-Louis, le mal qu'il ressentit dans les jambes, l'obligea à se servir de bas de peau et de matelas. Il fesait beaucoup d'aumônes, et menait une vie très-pénitente, ne buvant point ou que très-rarement du vin, et jeûnant en tout-temps.

Peu après qu'il eut pris possession de la cure de S.-Paul, un de ses paroissiens ne le voyant qu'avec peine porter des boucles de fer, lui en envoya une paire d'argent, que M. *Brugière* lui renvoya. Reportée et renvoyée une seconde fois, avec instance de la recevoir, il n'y consentit qu'après avoir fait convenir la personne qu'il en disposerait en faveur des pauvres : en effet, on ne la lui a jamais vue.

Un autre, trouvant que son chapeau dérogeait à la propreté de ses babits, quoique très-simples, le pria de s'en faire faire un, et lui en donna le prix, qui ne tarda pas à passer entre les mains des pauvres. Revenu avec le même chapeau, on devina l'emploi de l'argent : on lui remit la même somme, dont il fit le même usage. On ne put réussir dans ce dessein, qu'en en faisant faire un à son insçu, que l'on remit chez lui.

Au mois d'avril 1799, prié de faire visite à un malade bien éloigné de penser à son salut, et qui, quoique très-pauvre, avait de l'esprit, de de la science et des talens. Après avoir examiné s'il lui restait encore quelqu'étincelle de foi, il tâcha de ranimer en lui l'espérance de trouver grace devant Dieu. Ayant ébranlé sa philosophie, il continua de le visiter, attendant les momens de Dieu. Après une de ces visites, la femme, qui était fort chrétienne, voyant son mari attendri, s'approcha de son lit, et lui dit avec courage: Quoi! Dieu vous appelle, et vous lui résistez! Pourquoi ne prenez-vous pas confiance en ce digne pasteur qui vous témoigne tant de bonté? Ha! lui répondit-il, tu sais que ces Messieurs ne sont pas riches, et que ma position ne me permet pas de récompenser ses soins : il ne faut donc pas y penser. Quoi! reprit la femme, c'est-là ce qui vous retient! jamais homme ne fut plus désinteressé et plus charitable que lui : le bouillon que vous prenez depuis quelque temps, c'est lui qui le paye; il vient encore de me remettre 6 francs pour ce sujet. Ce procédé acheva de persuader notre malade. Pénétré de reconnaissance à la vue de ce double bienfait, il rentra sincérement en lui-même, reçut les derniers sacremens, qui lui furent administrés en français, à la grande édification de tous les assistans, qui s'y unirent de cœur et de bouche; et, le lendemain, il expira au-milieu des plus vives souffrances, et dans la plus grande paix.

M. *Brugière* avait un esprit solide, délicat, pénétrant; il possédait, dans un haut dégré, l'intelligence des Saintes-Ecritures, dont il nourrissait assiduement son troupeau : continuellement appliqué à son ministère, il en remplissait tous les devoirs avec la plus grande exactitude. Il prévoyait tout, sans se distraire sur rien. Il n'avait aucune affection pour les biens de ce monde, ne s'embarrassait point dans les affaires, recherchait la tranquillité, et fuyait l'inquiétude. Il avait la plus grande confiance en la Providence, et la plus parfaite soumission à ses ordres Jamais pasteur ne fut plus désintéressé : jamais il n'exigea rien pour ses fonctions; il se contentait de ce qu'on lui donnait volontairement, et défendait à ceux qui dépendaient de lui, de rien exiger : il était inexorable là-dessus. Pénétré de l'amour de Dieu et du prochain, tous les jours il priait nommément pour les personnes qui lui avaient fait du mal. Il ne flattait personne, et ne se laissait point flatter. Il s'élevait avec force contre les abus, et s'attachait inviolablement à l'antiquité.

Son ardent amour pour l'Eglise le rendait extrêmement sensible à ses biens et à ses maux. Il soutenait, par ses avis et ses lumières, beaucoup d'ecclésiastiques qui le consultaient, dans les départemens, et qui regrettent aujourd'hui, en sa personne, un guide, un défenseur, un appui, un protecteur, un ami, un père. Quel regret, quel déchirement, quel excès d'amertume il éprouva, lorsqu'on l'arracha, pour-ainsi-dire, à l'exercice de ses fonctions ! Malgré sa fermeté, la nature a aussi ses droits; et nous ne pouvons douter que tout cela, auquel se joignit encore peu après la mort de son vertueux ami M. l'abbé Leroi, n'ait beaucoup contribué à la maladie si douloureuse qui nous l'a enlevé. Lorqu'il apprit cette mort, il dit, avec un serrement de cœur : Allons, il faut en faire le sacrifice. C'était beaucoup dire pour un homme comme lui, dont toutes les peines personnelles étaient cachées à ses meilleurs amis; parce qu'il ne s'en plaignait jamais :

lorsqu'on voulait l'en entretenir, il changeait la conversation. Il y avait plus de deux ans qu'il souffrait de la pierre, sans qu'on le sût. Le 31 août 1803, les douleurs qu'il souffrit sans relâche, pendant quarante-huit heures, furent si aiguës, que l'on craignit beaucoup pour ses jours; et il dit lui-même plusieurs fois après, qu'il n'aurait pas pu les supporter encore douze heures. Les remèdes qu'on lui administra calmèrent seulement pour peu de temps la violence de ses douleurs, qu'il éprouva toujours depuis, par crise, de moment en moment, avec la même violence, quoique non avec la même continuité Les plaintes qu'elles lui arrachaient de temps en temps, malgré lui, étaient accompagnées d'une résignation si édifiante, que ses plus chers amis, qui venaient le voir et partager ses peines, ne s'en retournaient guères sans verser des larmes. Après plus d'un mois de douleurs plus ou moins fortes, mais qui ne lui laissaient pas plus d'une heure de mauvais sommeil, qu'une douleur plus aiguë venait interrompre, il ne laissait pas d'avoir encore cette fraîcheur et cette sérénité que donne une bonne conscience. Les médecins s'étonnaient de ne point voir d'altération sur son visage: cependant ils ne comptaient plus sur les remèdes; et un d'entr'eux avoua qu'ils venaient plutôt être témoins de ses douleurs et de sa patience, que dans l'espoir de le guérir. Comme ils lui recommandaient de manger du raisin le plus qu'il pourrait, une respectable demoiselle qui, pénétrée d'estime pour son mérite, a toujours pris le plus vif intérêt à tout ce qui le regardait, ayant reçu, de Fontainebleau, un cep de vigne avec ses grappes fort appetissantes, s'en priva pour le lui apporter. Si je savais faire des vers, lui dit-il, je vous tournerais le plus beau remercîment du monde : mais souvenez-vous bien, ajouta-t-il, en levant la main au Ciel, que si vous ne le faites pour Dieu, vous en perdrez la récompense.

Un ami étant venu de la campagne pour le voir, sensible à son état, lui dit avec effusion de cœur : Dans une maladie si longue et si dispendieuse, il n'est pas possible que vous n'éprouviez des besoins : parlez, je vous prie : mes meubles, mon linge, ma vaisselle, mon argenterie, ma bourse, tout ce que j'ai est à votre service. Je vous suis infiniment obligé, répondit le respectable malade : je n'ai besoin de rien : toutes les personnes qui prennent soin de moi, chacune en la manière qu'elle le peut, le font avec une générosité, un zèle, une affection qui prévient tous mes besoins. Il n'est pas possible qu'aucun prince malade puisse être servi et soigné avec plus d'attention et d'exactitude que je le suis. Tous ceux de ses amis qui avaient quelques moyens, lui faisaient de semblables offres ; et il faisait à chacun à-peu-près la même réponse.

Il ne demandait jamais rien ; et, lorsqu'on lui demandait s'il avait besoin de quelque chose : Je n'ai besoin, repliquait-il, que de la patience : demandez-la à Dieu pour moi. Quand la vivacité de la douleur lui arrachait quelques cris, il demandait pardon à ses gardes, du scandale que pouvait leur donner sa faiblesse. Il répétait souvent que, malgré tout ce qu'on faisait pour lui, il n'en réchapperait pas. Il passa le 4 octobre, jour de son baptême, dans un grand recueillement. Se représentant toute la rigueur de la justice de Dieu, il lui offrait les mérites de J. C., et lui fit le sacrifice de sa vie. Il voulut, en ce jour, participer aux SS. Mystères. Dans la sainte impatience qu'il avait de s'unir à son Sauveur, il trouvait les momens qui précédaient bien longs. Enfin, ayant reçu la Ste. Eucharistie, il demanda un peu d'eau, et pria qu'on ne laissât entrer personne dans sa chambre. Fortifié par cette divine nourriture, il soutint avec courage ce qui lui restait encore à fournir d'une si pénible et si douloureuse carrière; car ses souffrances, qui semblaient ne pouvoir plus augmenter, s'aggravaient toujours. On changeait souvent de remède, et toujours sans adoucir le mal. Lorsqu'il avait quelque intervalle, et que ses amis pouvaient lui parler, il ne s'occupait que d'eux, et jamais de lui, sinon pour se recommander à leurs prières : il leur indiquait les pseaumes qu'il désirait que l'on récitât pour lui ; et, quand il était seul, il les récitait lui-même, et se recommandait aux prières de la Sainte Vierge. Quand on lui disait que l'on demandait à Dieu le rétablissement de sa santé : Demandez-lui, repliquait-il, que sa volonté s'accomplisse pour sa gloire et mon salut : ne lui demandez pas autre chose.

Enfin, sentant sa fin approcher, il demanda les derniers sacremens, qu'il reçut trois jours avant sa mort ; et il ne s'occupa plus que de l'éternité. Ses forces étaient épuisées ; mais sa patience ne l'était pas : le divin corroboratif qu'il venait de prendre de nouveau, le soutint jusqu'au bout. La fièvre, qui n'était que l'effet de ses douleurs, n'engourdissait pas son mal : l'un et l'autre dura jusqu'à son dernier instant. Il conserva jusqu'au dernier soupir la connaissance et la présence d'esprit. La veille de sa mort, il eut une faiblesse : les personnes qui étaient présentes lui récitèrent les prières des agonisans. Il revint, et parla encore plusieurs fois; mais ne prit rien pendant 44 heures. Quand on le pressait de boire : Pourquoi, disait-il, faire boire un mort? Il passa cette nuit souffrant toujours ; un de ses amis, qui désira la passer auprès de lui, l'entretenait de Dieu, lui présentant de temps en temps des prières et des passages de l'Ecriture et des Pères, les plus analogues à son état. Sur les quatre heures, il baissa de plus en plus. A six heures, l'ami qui l'entretenait, lui présenta ces paroles : « Vous avez rompu mes liens, Seigneur; c'est pourquoi je vous offrirai un sacrifice de louanges : je prendrai le calice du salut, et j'invoquerai le nom du Seigneur ». De sa main gauche, qui était encore libre, il lui serra la main en signe d'approbation : puis, après avoir recueilli, pendant quelques momens, toute son attention, il fit de cette main gauche le signe de la croix; et étendu lui-même sur la croix de J. C. par les douleurs qu'il souffrait, en union d'esprit avec lui, il continua de paraître fort attentif. Au bout d'une demi-heure, il fit de nouveau le signe de la croix ; et cinq minutes après, il consomma son sacrifice avec celui de son Sauveur : ayant jetté un léger soupir, il s'endormit paisiblement dans le Seigneur, à sept heures du matin, le 7 novembre 1803, âgé de 73 ans, un mois et trois jours, emportant avec lui l'estime et les regrets de tous ses amis qui, tant évêques, que prêtres et laïcs, furent, ainsi que ses paroissiens et paroissiennes, tous très-assidus, dans tout le cours de sa maladie, à s'informer de sa santé, et prirent la plus grande part à ses douleurs.

M. le Curé de Saint-Paul et Saint-Louis, qui apprit sa maladie chez le propriétaire même où il demeurait, dit qu'il reviendrait pour le voir ; M. *Brugière*, qui en fut aussitôt informé, recommanda à ses gardes de le recevoir avec toutes sortes d'honnêtetés, quand il viendrait. Il revint en effet plusieurs fois dans la maison, pour s'informer de sa santé ; mais il ne monta point chez lui. Nous ignorons ce qui peut l'en avoir empêché.

Le lendemain de la mort de M. *Brugière*, octave de la Toussaint, jour particulièrement consacré à la vénération des saintes reliques, son corps placé sur le char funèbre, couvert de son étole pastorale, et entouré du nombreux cortège de ses paroissiens, et de la multitude de ses amis, tant évêques, que prêtres et que laïcs la plûpart distingués par leur mérite et leurs emplois, fut respectueusement porté à l'église paroissiale de S.-Paul et S.-Louis, où ses obsèques furent célébrés avec beaucoup de décence et de gravité. Un de ses anciens chantres qui l'avait toujours respecté, et dont lui-même avait toujours estimé la sage conduite, chargé de conduire le chœur, s'acquitta supérieurement bien de son devoir, et fit majestueusement exécuter la prose en quatre parties : ce qu'il n'avait encore fait pour aucun autre. Les Ministres de l'Autel, se montrant animés de l'esprit de leur état, en remplirent toutes les fonctions avec beaucoup de dignité et d'édification. M. le Curé, nonobstant une incommodité si considérable qu'il n'avait pu reposer de la nuit, voulut, pour mettre le couronnement aux funérailles de M. Brugière, achever la cérémonie (*). Enfin, tous les devoirs religieux fidélement acquittés, le corps du respectable défunt replacé sur le char funèbre, et accompagné d'une longue suite, tant en voiture qu'à pied, fut transporté au cimetière Sainte-Marguerite, où, sans aucun dessein prémédité, il fut inhumé sous les fenêtres d'une des écoles de charité du faubourg S.-Antoine (**) : établissement précieux, qu'il avait toujours beaucoup estimé, et dont il déplora amérement la perte, à Notre-Dame, en faisant l'éloge funèbre de M. l'abbé Sanson. Quelques jours après l'inhumation, ses amis et paroissiens, sur la requête de l'un d'entre eux, obtinrent d'ériger sur sa sépulture un monument avec épitaphe (***) : ce qui fut exécuté, le 30 décembre suivant, en présence d'un bon nombre de ses paroissiens et amis.

Voilà bien des motifs à la confiance et à l'intérêt des fidèles pour ce qui regarde la mémoire de M. *Brugière*. La lecture de cette apologie achevera d'imprimer des sentimens d'etime et de vénération pour ce digne pasteur.

(*) Quand il serait d'un caractère moins pacifique, le spectacle imposant qu'il avait sous les yeux lui prouvant à quel point M. *Brugière* était estimé, il eût été tout au moins d'une sage politique d'en user comme il a fait, sachant qu'*il y a plus d'avantage à gagner les cœurs qu'à forcer les villes* : maxime importante et salutaire, que la plûpart des ministres de la Religion connaissent trop peu, et pratiquent encore moins aujourd'hui.

(**) Cette Ecole fût bâtie en 1780, par les soins et des deniers du charitable M. Beaurecueil, curé de Ste. Marguerite, et bâtie exprès pour un ami de M. *Brugière*, qui lui survit.

(***) On la trouvera ci-après, avec deux autres choisies parmi toutes celles que ses amis ont composées à l'envi, pour honorer sa mémoire.

Oui, tout y est marqué au coin de la tradition. Tout y est clair et raisonné. Tout y est persuasif et convaincant. Tout y est propre à inspirer de l'édification, et donner de l'encouragement à imiter ce zèle éclairé qui dirigea les démarches vraiment chrétiennes de M. Brugière ; et nous sommes bien persuadés que tous ceux qui liront ce *Mémoire apologétique*, béniront le Seigneur, de ce que, dans un siècle aussi malheureux que le nôtre, il ait donné à son Eglise ce vénérable pasteur, et l'ait fortifié jusqu'à la fin contre des attaques de tout genre. Nous désirons sur-tout qu'on ne perde point de vue les graces que Dieu répandit sur les travaux de M. B*rugière*. Le résultat en est assez heureux, si l'on considère la stérilité spirituelle dont le ministère ecclésiastique est grandement frappé, depuis qu'une fausse piété et un pharisaïsme réel sont venus s'asseoir sur le plus grand nombre des chaires pastorales.

Cela nous conduit naturellement à consigner ici nos vœux relativement à bien d'autres productions de la plume énergique et zélée de M. l'ancien Curé de S.-Paul. Si dans les ouvrages, soit didactiques, soit polémiques de M. Brugière, on ne trouve pas cette éloquence robuste d'un Arnauld, cette métaphysique profonde d'un Nicole, cette touche délicate d'un Pascal, cette douce onction des Singlins, des Sainte-Marthe, des Sacy ; on y verra cependant toujours un disciple fidèle de la sainte et savante école de Port-Royal : même zèle pour toute vérité, même désintéressement, même courage, même amour pour l'Eglise, même pureté de morale, même intérêt pour l'honneur du sacerdoce et pour la sanctification des ames. Aussi nous exhortons, sans craindre d'en avoir le démenti, nous exhortons vivement les fidèles à s'en procurer la lecture, et à les étudier soigneusement. Et plût à Dieu que, parmi les fidèles, il y eût plus de moyens, soit pécuniaires, soit de bonne volonté, pour ne pas laisser dans l'oubli les cahiers précieux dans lesquels M. Brugière a consigné ses instructions pastorales, instructions capables de former des chrétiens vraiment éclairés, et de conduire à Dieu des adorateurs en esprit et en vérité. Là, ils apprendraient à gémir sur les maux de l'Eglise, à en chercher les remèdes, à ménager les ressources qui nous restent, à hâter ce rétablissement général que la Religion attend du grand prophête. C'est de ces sentimens que M. *Brugière* nourrissait la piété de son cœur; c'est de ces vues profondément chrétiennes qu'il aimait à entretenir ses ouailles; ce sont ces vœux qu'il ne cessa jamais d'inspirer à tous ceux qui eurent le bonheur de le connaître et de le consulter; en un mot, c'est dans ses instructions, que M. Brugière a tracé un portrait vivant de son esprit et de son cœur, où l'on ne vit jamais de mouvemens plus vifs, plus ardens, plus inaltérables, que ceux d'un amour à toute épreuve pour Dieu et pour l'Eglise.

Les traits de cet amour éclairé et généreux sont assez répandus dans ce *Mémoire apologétique*, pour nous saisir de ce nouveau titre, et en présenter avec confiance la lecture à quiconque s'intéresse à la pureté de la Religion, et à l'honneur du Sacerdoce.

ÉPITAPHES.

Ie.

HIC JACET
PETRUS BRUGIERE,
Antiquus Ecclesiæ Sancti Pauli Parochus.

Veritatis tenax et vindex,
Quod ubique, quod semper veneranda tenuit antiquitas
Corde credidit, ore confessus est,
Fecit et docuit.
Gentis et fratrum amator,
Pro populo, pro universa sancta civitate
Multum orabat, vir desideriorum;
Multum gemebat, vir dolorum.
In domo Dei minister vixit fidelis,
In cruce Christi fidelis expiravit discipulus.
Multis bonis flebilis,
Nulli flebilior quam benè memori gregi
Quem verbo pavit et exemplo.

Obiit anno constitutæ Reipublicæ Galliæ duodecimo,
Die mensis Brumarii decimo quinto
Reparatæ salutis 1803. Die 7. novembris,
Natus annos 73. mensem unum et tres dies.

In memoria æterna erit justus, ab auditione mala non timebit. *Ps. cxi.*

S.

Traduction gravée sur sa tombe.

CI GIT
PIERRE BRUGIERE,
Ancien Curé de l'Eglise Saint-Paul.

Partisan ferme, défenseur intrépide de la vérité,
Ce qu'en tout lieu, en tout tems professa la vénérable antiquité,
Il le crut de cœur, le confessa de bouche,
Le pratiqua, l'enseigna.
Sincère ami de sa nation et de ses frères,
Sans cesse pour le peuple et pour toute la cité sainte,
Il priait, vrai homme de désirs;

Il gémissait, vrai homme de douleurs.
Dans la maison de Dieu, il vécut en ministre fidèle;
Sur la croix de J. C., il expira en fidèle disciple;
Pleuré des gens de bien,
Pleuré sur-tout par son troupeau reconnaissant
Qu'il a nourrit de la parole sainte et de son exemple.

Il mourut le 15 Brumaire, an XII de la République,
7 Novembre 1803,
Agé de 73 ans 1 mois et 13 jours.

La mémoire du juste sera éternelle, il ne craindra point les discours injurieux dont on la voudrait ternir. Ps. CXI.

S.

I I^e.

D. O. M.
Et piæ memoriæ PETRI BRUGIERE
Qui
Ad S. Paulum Paris: canonice Pastor,
Divina omnia religiose tractans,
Divinisque supplicationibus ad populi captum restitutis
De re christiana summo pere meruit.
Qui
Morum integritate, ingenii præstantia,
Verbo veritatis,
Sanctæ antiquitatis zelo eousque profecerat,
Ut sacerdotii robur vinculis obsignaverit.
Ecclesiæ Galliarum iteratis conciliis
Parisiensisque metropoleos Præsbiterio cooptatus,
Hoc unum illi votum Religioni consuluisse ac civibus.
Obtrectationibus lacessitus,
Egestatem pro fratribus perpessus,
Mœrore fidei absumptus,
Sævo tandem morbo diutine et pie confectus
Bonorum desideriis eripitur
VII. Id: novem: MD CCCIII. an. nat. 73. mens: 1. di. 3.
E. P. D.

Traduction.

†

A LA GLOIRE DE DIEU
Et à la pieuse mémoire du vénérable PIERRE BRUGIÈRE
Curé de Saint-Paul de Paris.

Ce digne Pasteur travailla beaucoup pour l'Eglise,
Par sa fidélité religieuse à remplir tous les devoirs du S. ministère,
Et par le zèle qu'il déploya à mettre à la portee des fidèles
Les pseaumes et autres prières publiques de la divine Liturgie.
Pur dans ses mœurs, distingué par ses talens
Connaissant et prêchant la vérité,
Il développa un courage vraiment sacerdotal,
Jusqu'à souffrir les prisons
Pour la défense de la vénérable antiquité.
Etant membre du Presbytère de l'Eglise metropolitaine de Paris,
Et des deux Conciles nationaux du Clergé de France,
Il ne travailla qu'à l'avancement de la Religion,
Et au bonheur de ses concitoyens.
Fatigué beaucoup par la calomnie,
Aimant fort à se priver pour soulager ses frères,
Pénétré d'une profonde amertume sur les maux de l'Eglise,
Il finit sa pénible carrière
Par une longue et cruelle maladie
Qu'il souffrit avec patience et avec piété.
C'est ainsi qu'il fut enlevé aux vœux des bons fidèles
Le 7 novembre 1803
Agé de 73 ans 1 mois et 3 jours

IIIe.

Dans l'attente de l'avénement glorieux du grand Dieu,
Et notre Sauveur Jésus-Christ,
Ici repose † le corps
De PIERRE BRUGIÉRE, Curé de Saint-Paul.
Ministre, Pasteur, Membre du Presbytère,
Et de deux Conciles nationaux.
Il garda fidèlement le dépôt de la foi
Dans l'unité.
Plein de l'esprit de courage, et de la force qu'il reçut de Dieu,
Il continua dans l'Eglise le témoignage authentique,
Et la tradition fidèle
De la Doctrine, de la Morale, de la Discipline.
Par la Foi
L'ignominie de J. C. lui parut préférable aux plus grands trésors;
Parce qu'il envisageait la récompense.
Vrai disciple de la croix, il accomplit dans sa chair

Ce qui reste à souffrir
A J. C.
Par 69 jours de douleurs aiguës et d'une longue patience :
Pleuré des gens de bien,
Pleuré sur-tout par le troupeau
Qu'il avait nourri de la parole sainte, et fortifié par son exemple,
Il consomma son sacrifice
Le 7 novembre an de J. C. 1803, et de son âge 73.
Priez pour lui.

Souvenez-vous de vos conducteurs qui vous ont prêché la parole de Dieu ; et considérant quelle a été leur fin, imitez leur foi.

V.

NOTA. La charité nous engage à présumer que quand le Rédacteur des *Annales de la Religion* aura lu le *Mémoire apologétique* de M. *Brugière*, et sur-tout ses instructions sur la vraie et solide dévotion envers la Ste.-Vierge, il sera moins *éloigné de partager, dans toute leur étendue, ses sentimens, sur le culte dû à la Mère du Sauveur.* Nous ne connaissons point d'ouvrage qu'il ait publié sur les *droits du Sacerdoce* ; le Rédacteur aurait dû spécifier en quoi il trouve ses sentimens repréhensibles à cet égard ; et prouver qu'ils le sont, ou ne rien dire. Mais nous osons le défier de prouver qu'il ait dit sur ce point rien de plus que ce qu'ont dit les Pères de l'Eglise, et notamment S. Jérôme et S. Chrisostôme. Nous regrettons en outre qu'il n'ait rédigé cet intéressant article que d'après des mémoires apparemment des plus défectueux, qui nous obligent de rectifier ici bien des inexactitudes qu'on y trouve.

Le goût de M. *Brugière* le portant naturellement au service des pauvres, il sollicita, à différentes reprises, une place dans les hôpitaux ; mais il n'en a jamais eu, ni à *Bicêtre*, ni à *Hôtel-Dieu*, ni en aucun autre hôpital. Il a seulement prêché une fois à Bicêtre, à la satisfaction de tout son auditoire, suivant le témoignage des Administrateurs, qui lui firent compliment de n'avoir pas éprouvé le battement des pieds qui en avait obligé tant d'autres avant lui à descendre de chaire.

Sur une délation faite à M. *de Beaumont*, qu'il avait les Œuvres de M. Arnauld, et les ouvrages de Port-Royal, M. de Beaumont lui retira les pouvoirs ; et, sur une lettre de M. Marduel, il les lui rendit, quatre jours après.

Il n'a jamais été *enfermé*, ni *à la Bastille*, ni ailleurs, avant la révolution. Son *Mémoire apologétique* n'a point été fait en *prison* ; il l'a fait dans l'intervalle de sa sortie de l'oratoire de Ste.-Marie, jusqu'au dernier jour d'août qu'il tomba malade, et aucune *Société n'a recueilli ce Mémoire.* Il n'a jamais écrit de *lettre au Curé émigré de Saint-Paul*; mais un *Avis au Public* et *à ses Paroissiens*, où il paraît ne l'avoir pas menagé : cependant quelqu'un lui ayant dit que celui-ci menaçait fortement d'y répondre : Je suis persuadé, repliqua-t-il, que, quoiqu'il en dise, il n'a garde de le faire ; parce qu'il a moins sujet de se plaindre de ce que j'ai dit, que de me savoir gré de ce que j'ai tu : un zèle charitable m'a fait dire l'un ; une charité discréte m'a fait taire l'autre.

Il n'aimait pas être embarrassé du soin d'un *ménage*, et le sien n'était pas brillant ; mais il en avait un. Sa maison était meublée simplement et sans superflus ; mais il n'y manquait rien d'essentiel. Sa table était simple et sans recherche ; mais pourvue d'un honnête nécessaire. Il était habillé simplement et proprement ; mais non *pauvrement* : s'il commandait rarement *des habits*, c'est qu'il savait les conserver long temps et proprement, pour se menager de quoi assister les pauvres ; mais c'était lui qui commandait ceux qu'on lui faisait, et sa garderobe était assez bien fournie, quoiqu'il se contentât en cela, comme en toute autre chose, du plus simple et du plus nécessaire, et qu'il s'abstînt de toute dépense inutile, d'après son inclination à soulager les pauvres. Il est vrai que, depuis quelques années, il mangeait rarement chez lui ; mais il n'a jamais été *sans savoir où il prendrait son repas* ; parce que, chez un petit nombre de ses amis, son couvert était toujours mis, à tel jour reglé de la semaine. Le grand nombre des autres le possédaient à leur table, quand ils pouvaient l'obtenir ; et il allait de préférence où tout se faisait avec plus de simplicité et moins d'apprêt, parce qu'il s'y trouvait plus libre de suivre son goût.

S'*il tenait avec fermeté au parti qu'il prenait*, c'est qu'il ne le prenait qu'après un mûr examen. Il est vrai qu'*il n'était point homme à composer avec les principes*, ni à trahir la vérité pour menager ceux qui s'en écartaient ; mais il rendait volontiers hommage à leurs bonnes qualités, et aimait sincérement leur personne. La vigueur avec laquelle il combattait ceux qui étaient opposés à la vérité, n'empêchait pas qu'il ne les aimât tous dans les entrailles de

J. C., suivant l'expression de S. Paul. Fidèle au précepte du Seigneur, il aimait ceux qui le haïssaient, et priait pour eux: une prière trouvée, après sa mort, dans son Diurnal, et où étaient inscrits les noms de plusieurs connus pour ses ennemis, et dont quelques-uns avaient cherché à le faire périr, en est une preuve.

Chacun des ouvrages qu'il a publié est peu étendu; mais le nombre en est assez grand pour le peu de loisir qu'il avait. Il paraît que ses *Prônes* et ses *Instructions* sont non-seulement doubles, mais triples, ce qui pourrait former environ une douzaine de volumes.

Les scellés qui sont encore sur ses papiers ne nous permettant pas de donner exactement la liste de ses Ouvrages, tant manuscrits qu'imprimés, ce sera pour une autre occasion.

MÉMOIRE

MÉMOIRE
APOLOGÉTIQUE
DE PIERRE BRUGIÈRE,
Curé de Saint-Paul.

J'ai bien combattu ; j'ai achevé ma course, et je suis demeuré fidèle dans mon ministère : Ainsi s'exprimait le grand Apôtre écrivant à son cher Timothée. Je crois pouvoir, avec quelque confiance, mes chers Paroissiens, vous tenir le même langage dans la circonstance présente : circonstance aussi pénible pour vous que pour moi. Et afin que vous ne pensiez pas que j'attribue ce que j'ai fait à mes lumières et à mes propres forces, j'ajoute avec le même apôtre : *J'ai bien combattu, non pas moi toute-fois ; mais la grace de Dieu avec moi* (*). Appelé par le choix libre et volontaire de vos représentans, à l'honorable et pénible charge de Curé de la paroisse de Saint-Paul, la voix de la Religion, celle de la Patrie, m'imposaient l'obligation indispensable de vaincre la répugnance naturelle que j'avais toujours eue pour toutes les places qui exigent de la représentation, et de regarder le vœu des électeurs comme un ordre dirigé par la Providence, dont ils étaient les dignes organes.

Notre Eglise Gallicane, cette illustre portion de l'Eglise universelle, n'était plus con-

---

(*) M. Brugière rappelle ici, en peu de mots, à ses Paroissiens, ce qu'il leur avait dit, avec plus d'étendue, dans son dernier prône.

naissable aux traits grossiers qui la défiguraient. Combien elle avait dégénéré de sa première splendeur ! Asservie à toutes les prétentions d'une Cour dont malheureusement la politique n'est que trop connue, depuis longtemps elle se conduisait presque toujours d'une manière contraire aux vrais principes; l'Episcopat avili, le Sacerdoce déshonoré; l'enseignement public corrompu jusques dans ses sources; des richesses immenses follement prodiguées à l'ambition, à l'incapacité, à des titres, à des noms inventés par l'orgueil; le mérite, les talens, la vertu, livrés au mépris, ou tout au moins à la plus dédaigneuse indifférence; la pauvreté, seule récompense d'un travail pénible et assidu, et prolongé au-delà des forces de l'âge : tels sont les traits qui formaient essentiellement le tableau de notre Eglise, lorsque, pour l'exécution de ses desseins sur cette Eglise, Dieu suscita cette assemblée si célèbre par ses grands travaux et par les malheurs de toute espèce qui les ont suivis, contre ses intentions, de la part même de ses Membres.

Un nouvel ordre de choses fut le résultat de ce concours de tant de lumières. La Religion reprit son éclat, l'Eglise son ancien lustre; l'esprit de domination ne devait plus déshonorer l'épiscopat; les évêques ne devaient plus être que des pères, et non des maîtres impérieux; le sacerdoce ne devait plus être une profession profane, un métier : nouveaux apôtres, on ne devait reconnaître les Prêtres qu'à leur désintéressement et à leur charité. Quel homme, à moins que la nature ne lui ait refusé un cœur, eût pu être insensible à des avantages aussi précieux, et ne pas sef aire honneur de contribuer de tout son pouvoir au grand œuvre de notre régénération ecclésiastique ? Sous quelles apparences plus favorables, sous quels plus heureux auspices pouvait-on l'entreprendre ? C'était le vœu de la nation entière : son Chef auguste, tout ce qu'il y avait de plus éclairé dans les différentes classes, le Clergé, la Noblesse, le Tiers-Etat (vieux stile), y concouraient unanimement.

En homme entièrement dévoué à la Religion et à la Patrie, je saisis, non sans crainte, cette importante occasion de donner à l'une et à l'antre la preuve qui était en mon pouvoir, du dévouement le plus absolu, et de l'attachement le plus sincère. La Patrie et la Religion avaient des droits, pouvais-je les méconnaître ? Ils étaient, comme ils le sont encore, gravés dans mon cœur avec des traits ineffaçables : je sçus les respecter ; je me fis un devoir de sacrifier mon temps, mon repos, ma liberté, ma retraite, mon bonheur, ma vie, pour le salut de mes frères, et pour les grands intérêts de la commune patrie. Lui refuser un pareil sacrifice, c'eût été une bassesse et une lâcheté : un pareil refus, en me couvrant d'opprobre et d'ignominie, eût empoisonné jusqu'au dernier instant de ma vie

Ai-je rempli une tâche aussi difficile que périlleuse ? Vous allez en juger, mes chers Paroissiens, par l'esquisse que je vais mettre sous vos yeux.

La révolution est finie, au moins quant à ce qui regarde le Clergé, par la suppression de tous les titres, soit épiscopeaux, soit paroissiaux, suppression dont on chercherait en vain des exemples dans l'histoire de l'Eglise :

en conséquence , je rentre dans la classe d'homme privé. Vous me devez la justice de croire que je suis bien éloigné de me plaindre et de murmurer. Je n'ai cessé , dans toutes les occasions , de vous donner des leçons et des exemples de la plus parfaite subordination. Eh ! pourrais-je , et y aurait-il du sens à murmurer d'être déchargé d'un fardeau dont le poids accablant n'est bien propre qu'à intimider , qu'à effrayer , qu'à attérer , à chaque instant , tout homme qui a le sentiment de sa faiblesse , qui a , qui doit avoir les notions essentielles du ministère qu'il exerce , et de l'énorme responsabilité qui pèse sur sa tête ! *dent pour dent , œil pour œil.* Deut. 19.

Fort du témoignage de ma conscience, et sous l'abri tutélaire de la Providence divine qui dispose des évènemens de cette vie, j'ai traversé , non sans danger , le cours de nos désastres , et j'ai eu la bien douce consolation d'éviter le fer des assassins , de voir mes jours épargnés pour avoir le bonheur de vous être utile. Avant d'entrer en matière , permettez-moi de répondre succinctement à quelques traits dont la calomnie m'a investi avec les couleurs les plus noires , pour frapper de stérilité les travaux de mon ministère , en rendant ma personne odieuse et méprisable.

Je ne suis point un étranger , ni un inconnu , comme on l'a prétendu. Je suis né Français ; j'ai vu le jour à Thiers , ci-devant Auvergne , d'une famille honnête. Les noms de mes ancêtres , inscrits sur les tableaux de l'Hôtel-de-Ville , annonçaient , au moment de la révolution, plus de trois cens ans de roture. La ville de Riom compte parmi ses plus célèbres avocats deux de mes proches : l'un d'entr'eux est aujourd'hui sous-préfet à Thiers; mais ce qui, à mes yeux, est d'un avantage d'un plus grand prix, ma famille est alliée à celle du saint évêque de Senez, Jean Soanen, de glorieuse mémoire. Attaqué, dans mon jeune âge, d'un violent mal de tête qui avait résisté à tous les remèdes de l'art de guérir, j'en fus délivré par l'intercession du saint prisonnier de J. C., en portant avec foi, pendant neuf jours, un bonnet qui avait servi au saint évêque. J'ai fait mes études à Thiers, où il y avait un collège et un séminaire de prêtres séculiers. Chanoine de la collégiale de cette ville, à peine avais-je atteint ma vingt-huitième année, que je fus forcé, par soumission à mon évêque, de me charger de la direction d'une communauté d'Ursulines (A). Les intervalles que me laissaient l'assiduité au chœur et la direction des Ursulines, je les employais à étudier l'Ecriture-Ste. et les Pères de l'Eglise, et sur-tout les ouvrages de Port-Royal, que je trouvais dans la bibliothèque des religieux Grand-Montains, qui s'honoraient du titre de disciples de saint Augustin.

Né avec quelque facilité pour le travail, je m'adonnai à la prédication. Sans m'arrêter à faire quelque chose de nouveau, j'apprenais par cœur, suivant le desir de saint Augustin, des extraits des Pères, ce qui me réussissait à merveille. Avec un travail assidu et de bons conseils, je parvins à faire quelques sermons un peu passables. J'ai prêché Avent, Carême, Octave, dans les principales villes de la province; à la cathédrale, à Riom, à Montferrand, à Issoire, à Brioude, dans l'église de MM. les Comtes, etc.; et, enhardi par quelques succès, je me déterminai à venir à Paris, où j'avais fait deux voyages, en 1757 et 1760, et suivi les grands prédicateurs qui avaient la vogue dans la capitale. J'y vins fixer mon séjour, en 1768. Mon goût me portait naturellement au service des pauvres : je sollicitai, en conséquence, une place à la Salpêtrière. M. de Beaumont me refusa une des places vacantes, parce que, sur les témoignages que j'avais fourni à M. Laroche, supérieur des Trente-Trois, et l'homme de confiance, il me destinait au vicariat de Saint-Severin. Tout le monde sait que cette place était difficile : la Providence m'appellait ailleurs. M. Godescard, secrétaire de l'archevêché, me proposa à M. Marduel, curé de Saint-Roch, qui m'admit dans sa Communauté. J'y ai demeuré 12 ans, jouissant de l'estime et de la confiance de ce vénérable pasteur, qui m'avait chargé de la distribution du casuel, et du rapport des billets des pauvres, aux assemblées de charité. Uniquement occupé de cet emploi, et du ministère, soit de la prédication, soit du confessionnal, toute mon ambition était de les remplir avec exactitude : je n'en donnerai d'autre preuve que la confiance dont m'honorait M. de Beaumont. D'après les informations qu'il avait prises sur mon compte, il m'avait approuvé pour confesseur des Religieuses de l'abbaye de Chaillot, Sainte-Périne : et l'on sait combien il était difficile sur cet objet (B).

La Communauté de Saint-Roch était remplie de Jésuites. Quoique M. Marduel fût bien persuadé, et qu'il s'en expliquât ouvertement, que ces MM. n'étaient point propres au ministère paroissial, par complaisance pour M. de Beaumont, il en recevait dans sa Communauté. J'eus le malheur, si toute-fois c'en est un, de déplaire à quelques-uns de ces Messieurs. Comme leur devise était de tout faire pour la plus grande gloire de Dieu, ils cherchèrent à me perdre. C'est un fait dont j'ai la certitude, que pendant plus de six mois, j'ai eu un espion qui suivait toutes mes démarches. Comme ma conduite était franche et irréprochable, leurs poursuites furent inutiles. Ne pouvant trouver de prétexte dans mes mœurs, ils trouvèrent dans ma bibliothèque un moyen plus sûr. J'avais en toute évidence les ouvrages de Port-Royal, et sur-tout la précieuse collection des œuvres du grand Arnauld. La dénonciation ne tarda pas. C'était un crime d'autant plus grand et plus impardonnable, que M. de Beaumont avait eu le crédit d'en empêcher l'impression à Paris : aussi la peine due à une pareille faute ne fut pas long-temps à être lancée. M. de Beaumont me fit l'honneur de m'écrire, le 23 juin 1780, qu'il ne pouvait plus me continuer les pouvoirs d'exercer le ministère ; que j'eusse à me retirer dans mon diocèse. Ce coup d'autorité, aussi imprévu qu'il était injuste, surprit étonnamment M. Marduel ; mais ne le déconcerta pas : il se trouvait indisposé pour le moment, et se contenta d'écrire à M. de Beaumont, qui, frappé du témoignage que lui rendit M. Marduel, de la régularité de ma conduite, se contenta de lui marquer qu'il me destinait le vicariat de Marly-le-Roi (C). C'était beaucoup pour M. de Beaumont, qui, comme personne ne l'ignore, ne savait pas reculer. C'est sur une pareille base, qu'on a bâti la fable de l'interdit qu'on a prétendu faire valoir contre moi. Je le demande : si la délation eût porté sur quelque chose de grave et de réel, M. de Beaumont serait-il revenu sur mon compte dans l'intervalle de quatre jours? et m'aurait-il confié le ministère à Marly-le-Roi?

M. Marduel ne jugea pas à propos que je m'y rendisse ; et, déférant à son avis, je pris le parti de me retirer auprès d'une de mes parentes, à Paris, où j'ai passé, dans la retraite et dans l'étude, l'intervalle jusqu'à la mort de M de Beaumont. La Providence, qui dispose tout, me fit trouver un avantage bien précieux dans la personne de M. l'abbé d'Eclaustres, ancien chanoine de Thiers. Cet excellent ecclésiastique s'était retiré à Saint-Victor : sa maison était le rendez-vous où, les dimanches et les fêtes après vêpres, se réunissaient les hommes les plus distingués, entr'autres MM. Maultrot, Vanquetin, Piales, Agier, Camus, Saint-Mars, Leroi, etc. Admis à être témoin des conversations intéressantes de ces Messieurs, j'ai puisé dans leurs lumières et dans leurs conseils cet amour généreux de la vérité qui caractérisa toujours ces hommes, aussi distingués eux-mêmes par leur piété, que par leurs talents.

J'étais logé dans le quartier de Saint-Avoie ; je disais habituellement la messe chez les dames Ursulines de ce nom. J'y étais autorisé par une permission en bonne et due forme (D).

Enfin arriva le moment où M. de Beaumont fut cité au tribunal de Dieu, pour y rendre compte du gouvernement d'un évêché, celui de Bayonne ; et de deux archevêchés, Vienne et Paris. M. de Juigné lui succéda ; et tout le monde sait quelles étaient les dispositions pacifiques qu'il portait sur le Siége de Paris. Mes amis ne cessaient de m'engager à l'aller trouver: M. Godescard m'y excita fortement lui-même, en m'assurant que le règne des tracasseries était passé. Je cédai à toutes ces instances, et je ne fus pas trompé dans les assurances qu'on m'avait données. M de Juigné me reçut en effet avec cette affabilité qui lui est si naturelle, et qui caractérise si bien la bonté de son cœur. Il fut sur-tout étonné de la franchise avec laquelle je lui dis que j'avais encouru la disgrace de M. de Beaumont, et que la cause était un secret qu'il avait emporté en l'autre monde. M. Dampierre était présent à la conversation : M. l'Archevêque le chargea de mon affaire, et je fus ajourné à huitaine. Je m'y rendis. M. Dampierre m'accueillit très-honnêtement ; et, sur ce que je lui demandais une place vacante à la Salpêtrière, il me répondit que, d'après les notes consignées dans les registres de l'archevêché, sur mon compte, j'étais fait pour quelque chose de mieux ; que M. l'Archevêque me placerait plus avantageusement.

Cette année-là, je prêchai le Carême, à la Roquette. Je poursuivais toujours la place vacante à la Salpêtrière ; mais le Recteur, à qui je ne faisais pas la cour, et qui, en sa qualité de jésuite, ne m'aimait pas, fit manquer la parole que m'avait donnée M. l' Archevêque, qui, pour me dédommager, m'en fit proposer une à Saint-Denis (E). J'avais écrit au Recteur ; et, dans la réponse que je fis à M. l'archevêque, je lui transmis celle du Recteur (F). Je ne pus réussir dans la poursuite de cette place à la Salpêtrière. M. Vanquetin, qui, par bonté d'ame, prenait un véritable intérêt à mon sort, me proposa d'entrer à la communauté de Saint-Paul. M. Vanquetin était particulièrement connu de M. Bossu, à raison des liaisons intimes qu'il avait eues autrefois avec un oncle de M. Bossu, curé de Valenton. M. Vanquetin se donna la peine de faire la démarche auprès de M. Bossu, qui m'agréa, sous la condition cependant que je lui fournirais une attestation de ma conduite à S.-Roch, et le consentement de mon évêque. Il ne me fut pas difficile d'y satisfaire : conséquemment j'entrai à la communauté de Saint-Paul, dans le courant de juillet (G). Mon séjour n'y fut pas long, et en voici la cause. Feu M. Aubri, curé de Saint-Louis-en-l'isle, âgé et infirme, ne pouvant plus faire ses prônes, cherchait quelqu'un qui pût le suppléer. Je lui fus désigné par M. l'abbé de Larue son vicaire. M. Aubri s'étant informé, auprès de M. Marduel, qui j'étais, il vint trouver M. Bossu; et, de concert avec M. l'Archevêque, il fut arrêté que je passerais à Saint-Louis. M. Aubri me fit l'honneur de m'inviter à dîner; et m'annonça, de la manière la plus honnête et la plus gracieuse, mon déplacement. Je ne cédai qu'à regret; et j'avais raison. Je fis le prône des premiers dimanches d'août, de septembre et d'octobre. M. Aubri fut satisfait des deux premiers : il n'en fut pas de même de celui d'octobre : ce dimanche est consacré à la fête du Rosaire, et j'eus la maladresse de faire l'instruction, sur la nécessité de lire l'Ecriture-Sainte. Dès ce moment, M. Aubri me ferma la bouche, et ne vit dans moi qu'un janséniste qui voulait apprendre à ses paroissiens à puiser dans leurs véritables sources les vrais principes du Christianisme. Dès-lors, de la froideur, plus d'honnêteté de la part de M. Aubri. Dans cet intervalle, on me proposa la place de chapelain de la Ville-l'Evêque : je l'acceptai. J'y ai passé trois ans ; et l'on s'imagine bien que ce n'a pas été sans tracasseries. Ennuyé de cette espèce de servitude, je pris le parti de me retirer une seconde fois chez ma parente. J'eus le malheur de la perdre, dans le courant de 1787.

J'observe que pendant mon séjour à la Ville-l'Evêque, j'ai été approuvé pour prêcher seulement, et que j'ai prêché les Avents et les Carêmes de 1783, 84, 85, 86, 87. Après la mort de ma parente, me trouvant isolé, et ayant d'ailleurs un goût décidé pour la vie commune; par la raison qu'on ne se mêle point d'affaires de ménages ; et qu'aux heures des repas, on trouve, sans inquiétude et sans embarras, de quoi satisfaire aux besoins de la nature, il me vint à l'idée de faire quelques tentatives pour rentrer à Saint-Louis-en-l'Isle. J'avais entendu parler du gouvernement doux et pacifique de M. Coroller : je réclamai auprès de lui la médiation de M. l'abbé de Larue avec qui j'avais eu des liaisons particulières. M. Coroller accueillit ma demande, avec des égards qui ne m'étaient certainement pas dûs: j'en consigne ici le sentiment de ma reconnaissance. C'est un hommage que je dois à la vérité : les quatre années que j'ai passées auprès de lui, ont été des plus douces et des plus agréables de ma vie. J'étais libre, et c'était, à mes yeux, le bonheur suprême. La Communauté était peu nombreuse et bien choisie : combien de fois je l'ai regrettée !

En 89, j'avais l'honneur d'être du nombre des électeurs, en qualité de chapelain de S.-Mamert de l'église des Innocents. L'assemblée des électeurs de Paris à l'Hôtel-de-Ville avait adressé, à MM. les Electeurs ecclésiastiques et nobles, un billet circulaire d'invitation à la prochaine séance. Aussitôt que j'eus connaissance de l'invitation, je me rendis, et pris séance à l'assemblée, avec MM. Legros et de Larue, vicaires de S.-Louis-en-l'Isle. Entr'autres ecclésiastiques, on compte MM Bartolio, Truffer, Masson, Moreau, Fauchet, Lagrenée, Lauternier, Lefevre-Boilet, Lalen, Viriot; MM. les curés de la Madeleine, de S.-Nicolas-des-Champs, de S.-André-des-Arts, de Saint-Etienne-du-Mont, de Chaillot, de S.-Laurent et de Saint-Eustache. Le 14 juillet, je partageai, avec mes collègues, les travaux et les dangers de cette journée mémorable. J'ai suivi toutes les séances, même les plus orageuses, jusqu'au moment où les électeurs de 1789 furent remplacés. MM. les Electeurs se séparèrent enfin, et je rentrai dans ma retraite. Je compterai parmi les époques de ma vie, comme la plus glorieuse, celle où j'eus le bonheur d'être associé à des citoyens dont le zèle, la prudence et le courage ont rendu à la chose publique les services les plus importans et les plus signalés : ce qu'ils ont fait ne s'effacera jamais de la mémoire des hommes.

Nous voilà arrivés à cette époque mémorable qui devait opérer la régénération politique et religieuse de la France. Le serment civique exigé de tous les citoyens qui devaient occuper des places dans l'ordre politique et religieux, fut une source de discorde. L'Assemblée constituante fut trompée dans l'espérance qu'elle s'était faite, de trouver, sur-tout dans le Clergé, la soumission la plus absolue. Le Clergé, qui n'avait jamais voulu de réforme, et qui se croyait au-dessus des loix, le clergé, c'est-à-dire, la presque totalité des évêques, refusa la prestation du serment civique. Ce refus fut suivi d'un très grand nombre d'ecclésiastiques du second ordre. Cette résistance était d'autant plus coupable, qu'elle pouvait causer, dans l'Etat, un déchirement cruel: l'Assemblée constituante crut dans sa sagesse trouver un moyen d'en arrêter les funestes effets. Usant du droit inhérent à sa souveraineté, elle porta un décret par lequel elle déclara que tous ceux qui refuseraient le serment civique seraient déchus et destitués de leurs places. En conséquence, en vertu de ce décret, les électeurs procédèrent au remplacement de ceux qui avaient abandonné leurs postes.

Pour parvenir à faire de bons choix, les électeurs prirent un moyen qui devait, ce semble, produire un heureux résultat. On proposait, dans l'assemblée générale, ceux d'entre les ecclésiastiques qui pouvaient remplir les places vacantes. Après plusieurs discussions, sur les talents, les vertus, la moralité des candidats, on procédait à la nomination, sous les yeux de Dieu même, dans l'église métropolitaine.

Jamais surprise ne fut égale à la mienne, lorsque j'appris, par les soins d'un de mes anciens et intimes amis, que j'étais un des candidats, et que déja même j'étais épuré. J'avais d'autant moins lieu de m'y attendre, que j'étais parfaitement ignoré, même dans la paroisse de Saint-Louis (H). D'ailleurs, je ne me serais pas permis la moindre démarche à cet égard, dans la persuasion qu'on est indigne d'une place ecclésiastique; lorsqu'on a la témérité et la présomption de la solliciter: c'était le cri de ma conscience éclairée par le sentiment de saint Bernard, qui ne fait pas de difficulté de condamner celui qui demande pour soi, soit qu'il le fasse lui-même, soit par autrui. *Qui pro se rogat, sive per se, sive per alium roget, jam damnatus est.*

Le premier janvier 1791, la communauté de Saint-Louis fut dissoute. Cette circonstance, en me jettant dans l'embarras, réveilla l'idée que j'avais toujours eue, de me consacrer au service des pauvres : je sollicitai et j'obtins une place à la Salpêtrière (I) : j'en eut la certitude la veille du jour où je fus nommé à la Cure de Saint-Paul : mon ambition fut entièrement satisfaite ; j'avais d'autant plus lieu de m'applaudir, que MM. Beaumont et Juigné me l'avaient constamment refusée : c'était un vrai triomphe pour mon amour-propre ; et ce qui le flattait sur-tout, c'est que désormais n'ayant plus à m'occuper de ménages, d'affaires domestiques, je serais à même d'employer plus de temps à l'étude et à l'instruction de tant de malheureux. Mais la Providence, qui dispose tout avec sagesse, ne me laissa pas jouir longtemps de l'idée flatteuse que je m'étais faite, de servir utilement les pauvres de la Salpêtrière. Le lendemain, qui était un dimanche, on vint m'apprendre, sur les six heures du soir, que MM. les électeurs m'avaient nommé à la cure de S.-Paul, à la pluralite de 75 voix, quoique j'eusse pour concurrents M. l'abbé Lamourette, depuis évêque de Lyon, et le révérend père de la Garde, si avantageusement connu par ses lumières, ses talents et ses vertus.

J'avoue que ce fut pour moi un coup de tonnerre : un homme frappé de la foudre n'aurait pas été plus étonné que je le fus de cette nouvelle. Je laisse à penser dans quelles agitations je passai la nuit ! Dès le matin, mon premier soin fut d'aller prendre des conseils. M. Coroller fut le premier à dissiper mes craintes et mes scrupules, et à m'encourager. D'autres levèrent mes doutes, et calmèrent mes inquiétudes. Les uns et les autres opinèrent pour la soumission ; et je consentis à écrire à M. le Président de l'Assemblée électorale, le citoyen Pastoret, que je consentais à me charger du fardeau qu'on m'imposait. Je ne savais ce que je devais espérer ou craindre. Une visite que je reçus, la veille de ma proclamation à la cure de Saint-Paul, aurait dû m'éclairer et me faire reculer sur-le-champ : elle m'annonçait des dispositions peu favorables (K) : je ne m'y arrêtai pas, et me rendis, le 27 février, à Notre-Dame, où je fus proclamé, avec trois autres de mes confrères, le citoyen Leblanc, de Beaulieu, à la cure de Saint-Severin ; le citoyen Roussigneau, à celle de Saint Germain-des-Prés ; et le citoyen Colombart, à celle de S.-Nicolas-des Champs.

Cette députation me fit réfléchir : je pris des renseignemens Le résultat fut que la paroisse de Saint-Paul était un des principaux repaires de l'aristocratie : des prêtres en quantité (le clergé paroissial était composé de 49), eh ! quels prêtres ! des communautés nombreuses de religieux et religieuses voués la plupart à l'ignorance et à la superstition ; des magistrats de toute espèce ; des nobles engoués de leurs titres et de leurs richesses ; des bourgeois, des marchands égoïstes, présentaient un tableau effrayant de contrariétés et de contradictions inévitables. Ces idées ne rallentirent pas mom courage ; je n'hésitai pas. Je fus mis en possession, le 2 avril : dès ce jour-là, j'apperçus les obsclacles sans nombre que j'allais rencontrer à chaque pas.

Un usage aussi anti-chrétien qu'impolitique était établi à Saint-Paul : on séparait, pour les cathéchismes, les enfans des marchands et des bourgeois, des enfans du peuple, qu'on appellait si ridiculement *les gros garçons, les grosses filles.* Mon premier soin fut de supprimer cette odieuse distinction. Dès ce moment, ils ont toujours été réunis indistinctement : cette mesure d'égalité entre des enfans qui sont également les membres du corps dont J. C. est l'auguste chef, ne fut pas vue de bon œil.

Mon prédécesseur ne savait faire un pas sans être précédé de deux suisses en beaudrier, et faisant retentir le pavé des coups redoublés de leurs hallebardes, et de quatre beudeaux en robes : j'écartai cette cohorte, m'estimant trop heureux d'être confondu avec mes coopérateurs, et d'avoir pour gardes mes frères et amis les fidèles de la paroisse. C'est ainsi que je préludais à cette égalité, si sagement décrétée : cette démarche fut improuvée.

On était dans l'usage d'habiller les enfans des écoles le jour de leur première Communion; ces habits étaient tous de la même couleur : cette uniformité était choquante ; elle désignait les pauvres ; elle était conséquemment humiliante : j'obtins, non sans peine, qu'on varierait le plus possible les couleurs des habits; et, pour faire disparaître absolument toute distinction, j'établis que la premiere Communion ne se ferait plus à jour marqué et en commun. Eh ! qui ne connaît les dangers, les scandales de ces communions générales ! Cette mesure

mesure ne fut point agréable à ces hommes pour qui la religion n'est qu'une parade : aussi n'ont-ils cessé de contrarier une aussi sage disposition.

M. de Juigné avait répandu avec profusion des Lettres pastorales, où il traitait les nouveaux curés, qui avaient obéi à la loi, et prêté le serment civique, d'intrus, de schismatiques. Je pris la défense de la loi ; et, dans un discours public, je vengeai notre fidélité à la loi, des injures de M. de Juigné. Mon discours fut applaudi. L'assemblée générale de la section de l'Arsenal me fit demander ce discours, en fit mention honorable dans son procès-verbal, et en ordonna l'impression (L).

Malgré la loi qui défendait expressément de recevoir du casuel, quelques prêtres, dans les places qu'ils occupaient, se permettaient de rançonner le public. Je fis des représentations; elles furent inutiles : j'en portai des plaintes au procureur syndic de la Commune : on manda ces prêtres ; et ils en furent quittes pour une mercuriale. Cette démarche, de ma part, ne m'attira pas l'amitié de ces Messieurs : ils furent plus réservés pendant quelque temps ; mais ils continuaient : je découvris la fraude, et je la dénonçai au syndic, à qui je fis passer un mémoire : il me fit réponse qu'il y ferait droit, et la chose en resta là.

Des institutions pieuses, comme les processions des Rogations, avaient dégénéré en abus : on les portait fort loin ; le clergé déjeûnait amplement, tandis qu'on laissait le peuple s'occuper de Dieu, et se morfondre dans l'église : je me fis autoriser par le procureur syndic à ne les faire qu'autour des rues adjacentes de l'église (M). On supprima les déjeûners. Les valets d'église, des prêtres aussi ignorans crièrent à l'injustice, au scandale; ils firent tous leurs efforts pour me faire passer, dans l'esprit du public trop crédule, pour le destructeur du culte.

Plusieurs prêtres admis au rang de vicaires, s'étant permis de quitter leur poste, après avoir reçu d'avance leurs honoraires, et sans avoir rempli leurs fonctions pendant le trimestre, j'en écrivis à Cambon, à Camus, à Threillard, pour leur dénoncer cette friponnerie, et solliciter un décret qui fixât le payement des honoraires après l'acquit du service.

D'autres prêtres affichaient l'insubordination la plus marquée, et abandonnaient leurs fonctions : mes représentations étant inutiles, ils n'en recevaient pas moins leurs honoraires : je les dénonçai au procureur de la Commune. Je me serais rendu coupable de vol envers la Nation, si j'avais consenti qu'on payât des ministres infidèles.

D'autres prêtres, grossièrement vicieux, scandalisaient la paroisse : je les forçai à la quitter, et à aller porter ailleurs l'odeur pestilentielle de leurs mœurs dépravées et corrompues.

J'ai été regardé comme un impie, parce que, dans toutes les occasions, en public et en particulier, j'avais le courage de défendre les droits imprescriptibles du peuple, de soutenir sa souveraineté, son indépendance; que c'est sa volonté qui fait la loi; qu'il a le droit de punir, de destituer des mandataires infidèles; qu'il peut, quand ses intérêts l'exigent, prendre telle forme de gouvernement qui lui convient.

On m'a menacé de me faire un mauvais parti;

on m'a traité d'hérétique, parce que, dans mes instructions, j'ai enseigné que le mariage contracté pardevant le magistrat civil est seul valide et légitime, indépendamment de tout acte religieux, quoique tout chrétien catholique doive recevoir le sacrement institué par J. C., pour bénir et sanctifier son union conjugale (N). J'ai blâmé publiquement des abus énormes, que l'avarice et la cupidité ont introduit dans le culte catholique.

Enfin, j'ai été le censeur sévère des mœurs scandaleuses de certains ecclésiastiques qui déshonoraient autant la Patrie que l'Église.

Voilà quelques traits de ce que j'ai fait dans la place que j'ai occupée. Cette conduite ne m'a pas gagné des amis. Peut-on s'en promettre, quand on a le courage de s'opposer aux entreprises des ennemis de l'ordre, de la justice ? C'est cette conduite qui m'a attiré cette espèce de persécution que j'éprouve même aujourd'hui. J'ai beau examiner ma conscience, je n'y trouve d'autre prétexte que mon attachement sincère à mes devoirs, que ma fidélité constante à les remplir.

Quant à ma manière d'être individuellement, la simplicité de mes mœurs l'a toujours mise à l'abri de toute censure. Ma maison était meublée à l'ordonnance ; point de superflus, pas même le nécessaire. Ma table était frugale, et un Spartiate ne l'aurait pas dédaignée. Ma mise était au-dessous du médiocre.

Il n'est personne qui, dans le cours de sa vie, n'ait eu occasion d'observer les attentions de la providence sur sa personne : je confesse, avec toute la sensibilité de la plus vive reconnoissance, que tous les instans de ma vie ont été marqués au sceau d'une vigilance toute particulière : en voici un trait qui en est la preuve la plus sensible. En arrivant à S.-Paul, je fus obligé de me donner un portier. Des hommes honnêtes m'en présentèrent un ; je le pris de confiance : c'était un vainqueur de la Bastille. Je ne fus pas long-temps à m'appercevoir que j'avais été trompé. Cet homme-là était violent à l'extrême : ses débats continuels, soit avec sa femme, soit avec les étrangers, me forcèrent enfin de m'en débarrasser. Le jour de son départ, il me menaça, en présence de MM. mes Vicaires, de me faire un mauvais parti. Je méprisai ses propos, en les attribuant au regret de perdre une place qui lui donnait à vivre et à sa famille. Je ne fus pas long-temps à apprendre que cet homme machinait en effet ma perte.

Je vais mettre sous les yeux la copie d'une dénonciation faite chez le commissaire de police, qui m'en envoya copie.

« L'an deuxième de la République Françoise, 1793, le 11 mai, huit heures du matin, pardevant Silvain-Guillaume Boula, commissaire de police de la section de l'Arsenal, est comparu le citoyen Jean Langard, perruquier, demeurant rue St.-Paul, chez le marchand de vin, au coin de la rue des Prêtres, qui nous a déclaré, qu'hier, étant sur la place de la Maison Commune, avoir rencontré le nommé Groslaire, gendarme, vainqueur de la Bastille, et ci-devant portier du curé de Saint-Paul ; qu'il lui avoit dit : vous êtes engagés, eh, bien, avant que vous ne partiés, voulez-vous, dans le quartier Saint-Paul, promener dix têtes du nombre desquelles seront celle du curé de S.-Paul, et du citoyen Belhomme marchand boucher, et plusieurs autres, en nomme six, mais ne peut s'en ressouvenir ; qu'il falloit qu'ils restassent pour cette opération, que cela ne tarderoit pas plus de huit jours ; et qu'ils partiroient en poste. Et à signé avec nous, ainsi que le citoyen Pierre Poirier, rûe des Jardins n°. 9. : Jean Paul Mercourt rue Neuve Sainte-Anastase, chez le citoyen Dupuis n°. 42., ainsi que le citoyen Gerard rûe S.-Paul n°.60. qui seul n'a pu le faire, et ont tous trois attesté la vérité de la déclaration du citoyen Langard, ajoutant avoir entendû de plus le nom du citoyen Cain, épicier rûe S.-Antoine. Fait et clos ledit jour que dessus, neuf heures du matin : ainsi signé, Poirier, Lengard, Mercourt et Boula. »

Personne n'ignore que la loi sur le mariage, mal entendue par certains prêtres, fut l'occasion de la chûte d'un très-grand nombre d'entr'eux, et particulièrement du prêtre Aubert, vicaire de Sainte-Marguerite, qui se crut autorisé à se marier, quoique la loi ne fût pas même publiée, et qu'elle n'eût pas d'effet rétroactif. On se rappelle aussi la faiblesse de M. Gobel, qui donna l'institution canonique audit Aubert, élu à la cure de S.-Augustin, et la manière vraiment affligeante pour tous les cœurs chrétiens, avec laquelle il l'intronisa dans son église, en présence de tout le peuple, au milieu de son clergé. Ce scandale révolta tous les bons esprits, tous les amis de la religion et de la discipline.

Déjà la terreur commençait à exercer son influence meurtrière. Le scandale affligeait ; mais la crainte comprimait tous les cœurs. Parmi les trente-trois curés de Paris, quatre seulement osèrent élever la voix, et répandre dans le public une protestation solemnelle contre l'infraction faite à une des plus respectables loix de l'Eglise. Je me félicite chaque jour d'avoir eu le courage de m'associer à ces estimables collègues. Cette généreuse liberté excita des murmures, électrisa le Corps électoral. On jura notre perte. Nous fumes incarcérés. Je fus traduit aux Madelonnettes; M. Leblanc de Beaulieu, à l'Abbaye; MM. Lemaire et Mahieu, à Sainte-Pélagie.

On poursuivait cette affaire avec un acharnement qui tenait de la fureur : des électeurs d'alors étaient chaque jour députés vers le fameux Fouquier-Tainville, pour solliciter et accélérer notre condamnation. Et quel en était le motif? Avions-nous écrit contre la loi de 1792? Non : pleins de respect pour la loi, nous avions consigné dans notre réclamation ces propres expressions : *Nous tenons pour légal, et par conséquent pour légitime, le mariage des prêtres, d'après les nouvelles loix de l'Etat; et même celui des évêques, quelque odieux qu'il soit aux yeux de l'Eglise.* Il est vrai que nous nous élevions contre la demarche plus qu'inconsidérée de M. Gobel et de son conseil métropolitain; et nous invoquions à cet égard l'antique et respectable discipline de l'Eglise, qui décerne la déposition contre ceux qui se marient après leur ordination, et les réduit à la communion laïque; qui suspend de ses fonctions, et condamne à la pénitence, tout évêque qui les souffre sciemment dans l'exercice du saint ministère (O).

Cependant l'affaire traînait en longueur; et, malgré les peines et les soins de nos conseils, MM. Agier et Ameil, le succès paraissait fort incertain; ou, pour mieux dire, le thermomètre de l'opinion était au moins à la déportation. Nous fumes cités au tribunal révolutionnaire : ce tribunal de sang, où il suffisait de comparaître pour être sûr de perdre la vie. Le magistrat qui nous fit subir l'interrogatoire se trouvait mon compatriote. En cette qualité, il me protesta que notre affaire serait bientôt terminée ; c'est-à-dire, comme il s'en expliqua à un de mes conseils, que, sous peu de jours, nous serions conduits à l'échafaud. Mais la Providence veillait sur nous ; et nous ne tardâmes pas à éprouver l'heureux effet de sa bonté paternelle. Le citoyen Audrain, depuis évêque de Quimper, si horriblement massacré pour son attachement à la république, obtint, après des peines infinies, un décret, au rapport de M. Julien, de Toulouse, en date du 12 août 1793, par lequel *toutes plaintes, dénonciations, poursuites et procédures antérieures à cette même loi, qui n'auraient pour objet que des obstacles au mariage des prêtres, sont déclarées comme non avenues*. Ce fut en vertu de ce décret, et sur la requête présentée par nous, et signée Agier, défenseur officieux, qu'intervint le jugement du tribunal révolutionnaire, par lequel il fut ordonné que *lesdits Leblanc de Beaulieu, Brugière, Mahieu, Lemaire, seront, dans le jour, et à la diligence de l'accusateur public, mis en liberté hors des maisons d'arrêt où ils sont détenus* : ce qui fut exécuté un mardi 13 août 1793.

Ce qu'il y a d'extraordinaire dans cet heureux événement, et ce qui doit exciter la plus vive sensibilité dans tous les cœurs, ce n'est pas que nous ayons été mis en liberté dans une circonstance aussi critique, mais que nous l'ayons été par l'intervention d'un Protestant.

Oui, nous le disons à la gloire de celui qui tient dans sa main le cœur des hommes, et qui les fait servir, quand il lui plaît, à l'exécution de ses desseins : oui, ce fut un protestant qui sauva la vie à des pasteurs catholiques, défenseurs intrépides de la discipline de la plus haute et de la plus vénérable antiquité ; tandis que des prêtres catholiques, lâches déserteurs de cette antique discipline, étaient les plus ardens solliciteurs pour nous faire périr sur l'échafaud. Hélas ! nous n'étions pas dignes de sceller de notre sang une aussi belle cause !

Ma mise en liberté ne me concilia pas la bienveillance de mes persécuteurs, et ne calma point leur fureur et leur haine. La Providence m'avait préservé deux fois du fer des assassins ; il entrait dans ses desseins que j'y fusse exposé une troisième fois, pour faire éclatter davantage la protection toute particulière qu'elle m'accordait : j'y avais mis toute ma confiance, et elle ne fut pas vaine : j'échapai en effet à l'échafaud.

A peine nous respirions, mes chers compagnons d'infortune et moi, qu'un nouvel orage vint gronder sur nos têtes. M. Mahieu fut arrêté ; M. Beaulieu eut le bonheur d'échaper à la fureur inquisitoriale ; M. Lemaire fut incarcéré ; enfin, le 21 octobre 1793, mon tour arriva : une escouade de vingt-cinq hommes armés, ayant à leur tête mon ancien portier, vint, au nom de la loi, me prendre dans mon lit, à une heure du matin, et me conduisit à la réserve de la section de l'Arsenal. Je laisse à penser comment j'y passai le reste de la nuit. Le citoyen qui commandait le poste, sensible à ma position, obtint des deux commissaires qui étaient de service au comité révolutionnaire, que je fusse reconduit chez moi, à deux heures après midi : ce fut un des commissaires qui eut la bonté de se donner cette peine-là. Je fus mis en arrestation au presbytère, sur ma parole, avec un gardien de scellés et non de ma personne. C'est une justice à rendre aux commissaires du comité révolutionnaire, tant que j'ai été en arrestation chez moi, j'ai joui de la plus grande liberté : je voyais mes amis, du matin au soir; ma porte était ouverte nuit et jour : j'aurais pu prendre la fuite ; mais j'avais donné ma parole, et l'on savait que j'étais incapable d'y manquer (*).

Le lundi 24 mars 1794, à six heures du soir, se présenta chez moi un individu ayant deux pistolets à sa ceinture ; il m'intima, de vive voix, l'ordre de le suivre au comité révolutionnaire de la section de l'Arsenal. J'étais, dans ce moment, avec M. Agier, qui, pendant mon arrestation, n'a cessé de me donner la preuve la plus constante de l'attachement le plus tendre et le plus sincère, en venant trois fois par semaine passer deux heures avec moi. Jamais entretiens ne furent plus intéressans, ni plus propres à élever et à fortifier l'ame au milieu de l'infortune. Nous nous embrassâmes en silence. Qu'il était éloquent ce silence ! il était ordonné, sinon par la certitude, au moins par la crainte bien fondée de ne plus nous revoir. Nous nous séparâmes, et je me

(*) La Lettre si intéressante qu'il écrivit alors à ses Paroissiens, pour les soutenir dans ces temps d'épreuves et de tribulations, et qu'on trouvera ici à la suite de ses Notes et Pièces justificatives, est une preuve de la liberté dont il jouissait en effet dans sa captivité.

mis en devoir de suivre mon alguasil. Arrivé au comité, on me consigna dans une antichambre, où l'on me laissa promener tout à mon aise, jusqu'à dix heures du soir. J'observe qu'il ne faisait pas chaud. Alors je fus introduit au comité, composé de dix membres. Après les questions préliminaires sur mes nom, prénom, qualité, demeure, etc., on procéda à mon interrogatoire. Je vais rapporter les questions les plus remarquables qui me furent faites, et on jugera de l'importance des charges; j'y joindrai quelques observations : il sera facile d'appercevoir que ma détention était purement arbitraire, et qu'elle était l'effet des vengeances particulières.

Interrogatoire. A moi demandé si j'ai été électeur en 91 ? Oui. Si j'ai été du club de la Sainte-Chapelle ? Oui. Si j'ai fait quelques discours; si j'ai proposé quelque candidat à la discussion ? Non; je n'y ai été que deux fois.

Observation. Il était aussi permis, en 91, de s'assembler à la Sainte-Chapelle qu'à l'évêché. Les citoyens ont le droit de s'assembler paisiblement : c'est un des droits de la constitution. Si c'était un crime de s'assembler à la Sainte-Chapelle, c'en était aussi un de s'assembler à l'évêché. Si c'était un crime de s'assembler à la Sainte-Chapelle, pourquoi le comité n'a-t-il pas fait arrêter tous les autres électeurs de la section de l'Arsenal, qui, comme moi, s'y sont rendus ?

Int. Si j'ai signé la pétition contre les honneurs rendus à Voltaire ? Oui.

Observation. J'ai cru qu'un vil adulateur des tyrans, qu'un plat aristocrate, qu'un vil corrupteur de la jeunesse, ne méritait pas les honneurs du Panthéon. J'invoque à l'appui de mon avis la conduite même de la municipalité: sur le réquisitoire du procureur de la Commune, elle a fait effacer des vers de Voltaire, qu'elle avait fait graver sur le portail de la Commune, parce que Voltaire était un aristocrate.

Demande. Pourquoi j'ai eu des discussions avec le clergé de Saint-Paul, notamment avec le premier Vicaire et Rouvière ?

Réponse. Ceci est une pure personnalité : je n'ai jamais eu de discussion avec ceux du clergé qui faisaient leur devoir ; si j'en ai eu avec le premier vicaire, c'est sa conduite scandaleuse, son défaut de probité à mon égard qui les ont occasionnées : je n'en étais comptable qu'à M. l'Evêque, son supérieur et le mien : je le lui dénonçai, et alors il prit le parti de se retirer.

Quant à Rouvière, il ne remplissait pas les fonctions dont je l'avais chargé : soit incapacité, soit mauvaise volonté, dans l'espace de trois ans, il n'a pas fait une seule fois le prône, ni la prière du soir, quoiqu'il fût marqué à son tour. Ces manquemens ont excité des murmures et occasionné des plaintes réitérées de la part des paroissiens.

Demande. Pourquoi j'ai renvoyé mon portier, qui était un bon patriote ?

Réponse. C'est encore là une personnalité odieuse, et qui donne la clef de l'espèce de persécution que j'éprouve. Je l'ai renvoyé, parce que mes facultés pécuniaires ne me permettaient pas de le garder plus long-temps ; au reste, je n'ai pas de compte à rendre au comité de cet objet.

Demande. Pourquoi j'ai fait les processions de la Fête-Dieu, vu que les paroissiens y étaient opposés ?

Réponse. Je n'ai eu aucune connaissance de cette opposition ; elle est même chimérique, et n'a jamais existé, puisque même les paroissiens allèrent chez Boula, commissaire de police, lui déclarer qu'il était de leur intention que je fisse la procession extérieurement, le jour de l'octave : Boula lui-même vint chez moi, le mercredi, à dix heures du soir, pour m'y autoriser de la part du comité de surveillance.

Demande. Pourquoi je n'assiste pas assidûment aux assemblées de la section ? Cette inculpation pourrait paraître de quelque importance : voici ma réponse ; elle est péremptoire.

Réponse. Je me suis rendu aux assemblées toutes les fois que mes occupations me l'ont permis ; et, lorsque je ne m'y rendais pas, c'est que j'étais occupé à quelque fonction de mon ministère, ou à l'étude. J'ai dit avec franchise et avec liberté, qu'ayant été appelé à l'assemblée générale quatre fois notamment, j'y ai été accablé d'impropers et de grossières injures ; qu'une fois, entr'autres, j'y ai été traité de scélérat, de prêtre emposonné, de prêtre empoisonneur, de prêtre sacrilège. Ces gentillesses m'étaient prodiguées par un Bénédictin, prêtre marié : d'autres moines et prêtres de cette trempe faisaient *chorus*, et l'assemblée, de battre des mains et d'applaudir.

Après cette série de questions, on me fit repasser dans l'anti-chambre ; et, après une heure d'attente, on me conduisit, à minuit, à la maison d'arrêt, rue des Lions-Saint-Paul. L'écrou, ou l'acte de mon arrestation, portait que j'avais trop d'esprit pour cette paroisse, et que je ne paraissais jamais aux assemblées populaires. Je le demande à tout homme qui a le sens commun, si ces griefs sont de nature à mériter une détention d'un an entier ! Je l'ai déjà dit, ces griefs annoncent jusqu'à l'évidence l'injustice de ma détention, et l'atrocité de ceux qui l'ont sollicitée (P).

Cette prison, comme les autres, ne présentait, au premier abord, qu'un bien triste séjour ; mais elle devenait supportable par la bonne compagnie qu'on y avait rassemblée : il semble que le comité révolutionnaire avait eu la politique, ou, si l'on veut, le bon esprit, de réunir ce qu'il y avait de plus distingué dans les différentes classes des citoyens de la section : un ancien lieutenant-général, grand'-croix de l'ordre militaire de S. Louis ; un ex-contrôleur général des finances, un président à mortier, un lieutenant général des eaux et forêts, un ancien avocat général de la cour des aides, des chevaliers de S. Louis, des conseillers du parlement, de la cour des aides, de la chambre des comptes ; des avocats, des procureurs, des nobles, des riches non titrés, des bourgeois, des marchands aisés, MM. Pinon de Saint-Georges, Mailli de Montéjeant, Pinon d'Avaux-Saint-Sauveur, d'Ormesson, de Gourgue, Dalmet, Rhouette fils, Boula de Mareuil, Lescot, Bizeau, Charpentier, Gauthier, Rhouette père, Langelerie, Levacher du Plessis, Dumesnil, Virvaux, Vassan, Hébert, Florent, Denis, Samson, Comperot, Magin, Boulard, Belhomme, une vingtaine de femmes du meilleur ton, et enfin le curé de la paroisse ; aussi les commissaires avaient-ils l'attention d'avertir qu'on ne vous incarcérait pas avec de la *crapule* : et certes c'était un service important ; car on était mieux rue des Lions, qu'à la Force, qu'à l'Abbaye, qu'à Bicêtre, qu'au Luxembourg, si toute-fois on peut appeller mieux un moindre mal. On ne peut disconvenir que le très-grand nombre de ces honnêtes gens ne fût aristocrate ; mais de ces aristocrates modérés. La bonne éducation savait ajourner la différence des sentimens, soit politiques, soit religieux. On ne se voyait pas moins, quoiqu'avec beaucoup de réserve de part et d'autre.

J'étais logé dans une anti-chambre qui servait de passage : malgré les allées et les venues, qui étaient un mouvement perpétuel, j'y ai passé sept mois avec cette tranquillité, ce calme, que donne la bonne conscience. Quoique arrêté sans sujet, et détenu sans motif, j'ai conservé la paix du cœur. J'ai lu beaucoup, et beaucoup plus réfléchi. Les œuvres morales de Plutarque, de Cicéron, de Sénèque, faisaient une partie de mon occupation l'après-midi : j'employais la matinée à l'étude du *livre des livres*. Que les leçons de nos moralistes anciens et modernes paraissent froides et frivoles, comparées avec les maximes de ce livre par excellence ! Nos législateurs s'agitent, se tourmentent, se mettent l'esprit à la torture, pour donner à la France régénérée un code de morale publique ; en fut-il jamais de plus universelle, de plus amie du genre humain, de plus analogue aux besoins de tous les hommes, que celle dont *Jean-Jacques Rousseau* a fait un éloge si pompeux et si vrai ? Je lisais peu les papiers nouvelles ; un détenu, dont la conversation est aussi agréable qu'intéressante, avait la complaisance de m'en faire l'analyse, et cela me suffisait. Ne croyez cependant pas que ce fût une conversation purement *gazetière* : un évènement particulier donnait souvent lieu à une discussion approfondie de quelque point de droit public et politique, de littérature, de morale, et quelquefois de religion. Quoiqu'il ne fût pas *grand croyant*, il était de bonne foi, et il convenait que, dans un état quelconque, soit monarchique, soit aristocratique, soit démocratique, la félicité publique repose sur les mœurs, et que les mœurs n'ont d'autre règle sûre et invariable que la religion.

Je ne dois pas oublier une vexation inouie que j'ai éprouvée pendant mon arrestation : on me faisait payer le gardien des scellés ; on me faisait monter la garde, quoiqu'en prison : je la payais cinquante sols ; j'en ai les acquits : et enfin je payais, avec mes co-détenus, la garde de la maison d'arrêt. C'était par conséquent trois gardes à payer, et j'étais prisonnier! Je dois, à cette occasion, consigner ici le tribut de ma reconnaissance: Madame Rhouet, sœur de M. Camus, m'a fourni généreusement la somme nécessaire, chaque mois, pour payer la garde de la maison d'arrêt : c'était ordinairement une somme de dix à douze francs, par tête, par mois.

Enfin arriva le 9 thermidor. Ce jour, qui sera une des plus belles époques du bonheur de la France, fut pour nous un jour de violence et de persécution. A peine le tocsin s'était-il fait entendre, que les ordres les plus sévères furent donnés pour nous priver de toute communication ; la porte fut interdite à tout le monde ; à peine la faisait-on entre-ouvrir pour laisser passer la nourriture et les choses indispensables.

La loi du 18 thermidor, l'établissement du comité provisoire, l'honnêteté des nouveaux commissaires, vinrent enfin alléger la pesanteur de nos chaînes ; les mises en liberté, qui se multipliaient, laissaient à chacun la douce espérance de jouir bientôt du même bienfait. Chaque sortie était un triomphe, parce qu'elle était la preuve de l'injustice de l'ancien comité. La joie était commune à tous ; ceux qui sortaient, emportaient les regrets de ceux qui restaient ; et ceux-ci se consolaient par l'assurance du bonheur qu'ils attendaient de la bonté de leur cause. Mon tour arriva enfin ; et, le 29 vendémiaire an 3, fut l'heureux jour de ma délivrance (Q).

Ma captivité n'avait point ralenti le zèle meurtrier de mes ennemis ; ils ne voyaient qu'avec peine que j'eusse échapé à leurs poursuites. Le lendemain de ma rentrée au presbytère, un prétendu commissaire du comité militaire vint m'intimer l'ordre de déménager promptement, et de vuider les lieux, parce que, disait-il, on en avait besoin pour loger les tambours de la garde de la section. J'observai qu'il me fallait du temps pour trouver où me loger. Le commissaire me répondit, avec un air d'honnêteté, qu'on me donnerait tout le temps nécessaire ; et, dans les vingt-quatre heures, on envoya douze tambours au presbytère : heureusement je trouvai, le jour même, un logement vacant, à l'hôtel Bazin. J'ai sçu depuis que c'était un tour qu'on me jouait, et une nouvelle preuve de bienveillance : ce qu'il y a de certain, c'est que les tambours disparurent du presbytère, et qu'il n'y resta qu'un seul soldat.

Toutes ces tracasseries ne me découragèrent pas, et je n'en fus que plus ardent et plus empressé à saisir toutes les occasions d'être utile par l'exerçice de mes fonctions : célébrer les saints

saints mystères, tantôt dans un quartier, tantôt dans un autre; baptiser les enfans, soit les nouveaux nés, soit les plus âgés, et qui n'avaient pas été baptisés; visiter les malades, les consoler, leur administrer les secours de l'Eglise, telles étaient mes occupations journalières. Ce n'était pas toujours sans quelque dangers; mais j'étais sous la main de Dieu, et ses anges me gardaient dans toutes mes voies et toutes mes démarches.

Tout le monde sait que les églises furent fermées, à Paris, et que la Convention nationale, par la loi du 11 prairial et celle du 30 messidor an 3, accorda, pour l'exercice du culte, quinze églises. Celle de Saint-Paul ne fut pas du nombre, quoiqu'elle fût dans le centre de l'arrondissement: on prétexta, pour lui refuser la préférence, que le curé était un janséniste, et que l'édifice menaçait ruine: cependant l'architecte du département, M. Chalgrin, après en avoir fait la visite, constata, dans son rapport, la bonté et la solidité de l'édifice, et conclut à sa conservation. Les loix subséquentes ayant autorisé les citoyens à acheter ou louer des édifices pour l'exercice de leur culte, s'y réunir, y pratiquer leurs cérémonies religieuses, y ériger les signes de leur croyance, y entendre les instructions de leurs ministres, mon premier soin fut de chercher à louer un emplacement. Aidé des conseils, et par les soins de citoyens estimables, nous fumes assez heureux pour obtenir la jouissance de l'église des Annonciades, environ quatre mois avant que les fidèles fussent en possesion des églises désignées (R): c'était un reste de bail, de deux ans et demi. Pendant cet intervalle, j'ai eu la consolation d'y réunir un très-grand nombre de paroissiens. Je m'étais imposé la tâche de faire le prône et le catéchisme l'après dîner, tous les dimances; et, graces à Dieu, l'affluence était grande, et l'eût été davantage, si l'espace du local l'eût permis.

A peine notre bail était-il fini, que le Bureau des domaines nationaux fit afficher la location des églises qui n'étaient pas accordées: nos soins furent heureux, et l'adjudication de celle de S. Paul en fut faite à la respectable Mad. Egresset. Je me rappelle avec le plus sensible attendrissement, les soins, les peines, et tout l'empressement avec lequel les paroissiens se portèrent à réparer, autant que les circonstances pouvaient le permettre, l'état de délabrement où se trouvait cet édifice: j'insère ici les sentimens de toute ma reconnaissance, et je les supplie d'en agréer l'hommage. Dieu bénissait mes travaux: l'affluence était grande. Tous les dimanches, je faisais le prône le matin, et le catéchisme l'après-midi; depuis l'avent jusqu'à la pentecôte, le mercredi et le vendredi, pour disposer, soit pour la première Communion, soit pour la Confirmation, ceux des enfans qui pouvaient y participer avec fruit.

J'ai toujours éprouvé, à cet égard, une contrariété bien affligeante pour la foi. Des voisins jaloux du peu de bien que je pouvais faire, qui, fascinés par les prestiges des préjugés et de l'ignorance, ne croyaient pas à la fécondité de mon ministère, mettaient tout en œuvre pour détourner les enfans, et les attirer à eux, dans l'intention coupable de les pousser à la Sainte-Table: instruits ou non, cela leur était fort indifférent, pourvu qu'ils ne fussent point instruits par moi; et j'ai la certitude que parmi ceux qu'ils attiraient, s'ils avaient assisté à mon catéchisme un mois ou deux, ils en savaient trop, et huit ou quinze jours suffisaient pour les admettre à la participation du plus redoutable de nos mystères ; puisque trop souvent il est, pour le plus grand nombre, une odeur de mort qui donne la mort.

Il était arrêté dans les décrêts de Dieu, que nous serions assujettis à de nouvelles épreuves. Nous ne fumes pas long-temps, en effet, sans essuyer des difficultés d'une autre espèce. Quoique l'édifice de S.-Paul eût été déclaré, par le citoyen Chalgrin, de nature à être conservé comme monument, soit par sa solidité, soit par sa structure, quoique nous pussions nous promettre une jouissance tranquille en payant exactement notre location, nous fumes trompés dans nos espérances. Un certain citoyen nommé Suze, menuisier en parquet, de son état, ayant fait des spéculations lucratives sur cet édifice, parvint, à force d'argent, à en faire changer la destination : le Bureau des Domaines en consentit la vente ; Suze fut subrogé à la nation ; et, en sa qualité de propriétaire, à la faveur de la loi de messidor an VI, relative au prix et à la résiliation des baux, résilia celui de l'édifice de Saint-Paul : nous n'en avons joui que deux ans et demi. On ne saurait croire en combien de manière notre jouissance a été traversée par les intrigues de ceux qui différent d'opinions : il faut être eux-mêmes, pour imaginer les ressorts qu'ils ont fait jouer pour nous décrier, et éloigner par-là les fidèles qui nous honoraient de leur confiance.

Depuis le moment de la résiliation de notre bail et la démolition de l'église de Saint-Paul, toujours animés du même zèle pour le salut de vos ames, toujours dévorés du besoin de vous être utile, selon l'esprit de la loi, nous nous sommes bornés à célébrer les saints mystères dans des maisons particulières, en n'admettant que dix personnes étrangères à celles de la maison qui nous accueillait. N'ayant pas la liberté d'exercer nos fonctions dans nos temples, dans l'union du même esprit et persévérant dans la prière, mes coopérateurs et moi nous nous contentions de rompre le pain dans les maisons, *circa domos*, où nous prenions notre nourriture avec joie et simplicité de cœur, catéchisant, enseignant et annonçant la parole du Seigneur. Les bornes étroites où notre zèle était circonscrit nous faisaient désirer ardemment de les étendre davantage : Dieu m'en fournit l'occasion. Une personne pieuse, qui s'intéresse vivement à la gloire de Dieu et à l'édification des fidèles, vint nous avertir que l'Eglise des Filles-Sainte-Marie était à louer ; je fis des démarches auprès du département ; n'ayant pu obtenir la jouissance gratuite de cette église, le Bureau des domaines la fit mettre à l'enchère ; elle me fut adjugée pour la somme annuelle de 1150 francs, à la charge d'y faire les réparations, qui nous ont coûté près de mille écus. Le bail était de trois, six, neuf, à commencer du premier vendémiaire an IX. Les dissidens en étaient jaloux, et ce fut à leur sollicitation que l'enchère fut poussée si haut. J'avoue, avec sincérité, que je n'avais pas le premier franc. Mon zèle était pur : Dieu, qui me l'avait inspiré, bénit mes intentions : des ames charitables s'empressèrent de venir à mon secours. Le gros des réparations ne fut fait que pour la Toussaint, jour auquel je commençai à y exercer le culte publiquement. Il serait inutile de faire ici le détail des obstacles, des difficultés, que j'ai éprouvés pendant deux ans et demi. Ces difficultés, ces obstacles ont servi d'alimens à mon zèle : rien ne m'a coûté pour remplir mon devoir ; nuit et jour j'en étais occupé. Je n'ai pas manqué un seul dimanche de faire le prône le matin, et le catéchisme l'après midi. Le confessionnal, la visite des malades, l'administration des derniers sacremens occupaient le reste de mon temps. Les fêtes principales, l'Avent, le Carême, outre le prône, je faisais une instruction après vêpres.

A peine M. du Belloi fut intronisé sur le siége de Paris, je m'empressai de me rendre à son domicile, à l'archevêché, pour lui offrir le tribu de mon hommage. N'ayant pas été assez heureux pour parvenir jusqu'à sa personne, je pris le parti de lui écrire ; je ne sais si ma lettre lui fut rendue (S).

Tout le monde sait qu'après la publication du *concordat*, en vertu de l'ordonnance de M. l'Archevêque, autorisée par un arrêt du premier Consul, tous les oratoires devaient être fermés. Je fermai en effet le mien le jour de la Pentecôte : je me suis toujours fait un devoir de la soumission la plus absolue aux ordres de l'autorité. J'observe que plusieurs autres oratoires, de différens quartiers de Paris, ne furent point fermés. Deux citoyens, qui n'étaient pas de notre arrondissement, et qui fréquentaient notre église, furent indignés de la préférence qu'on accordait à d'autres oratoires. Animés d'un zèle aussi religieux que patriotique, ils s'adressèrent au conseiller d'Etat chargé de toutes les affaires concernant les cultes, qui, frappé de la justice de ma demande, leur donna une lettre pour M. l'Archevêque, à la fin de m'autoriser à continuer l'exercice public du culte, jusqu'à l'expiration de mon bail (T). Porteur de cette lettre, et accompagné des citoyens *Guibout* et *Monroï*, qui l'avaient sollicitée, je me rendis à l'archevêché. M. l'Archevêque nous accueillit avec cette affabilité qui caractérise la bonté de son ame; me reconnu pour être dans sa communion, puisque je lui faisais visite; m'honora de l'accolade fraternelle, et m'engagea fortement à continuer l'exercice du culte. Travaillons, mon ami, me dit le vénérable Prélat, travaillons; jamais l'Eglise n'eut plus besoin de bons ouvriers, pour déjouer ses ennemis. Et, sur ce que je lui observai, que j'exerçais le ministère dans Paris depuis trente-quatre ans : eh bien, m'ajouta le vénérable Prélat, il faut encore exercer pendant autres trente-quatre ans, ce sera soixante-huit. Plût à Dieu que les Membres du conseil consultassent le cœur de M. l'Archevêque pour régler leur démarche et leur conduite! nous aurions l'avantage et la consolation de voir tous les esprits et tous les cœurs parfaitement réunis.

Cette autorisation, à laquelle on ne s'attendait certainement pas, déconcerta nos voisins et leurs adhérents; autant ils avaient fait paraître de joie et de satisfaction de voir notre oratoire fermé, autant ils eurent de dépit de le voir rouvert. Un de ces zélantis, connu par son fanatisme, se permit même, dans l'ardeur du zèle schismatique qui le dévore, de censurer ouvertement la conduite du ministre des cultes et de M. l'Archevêque. En censeur judicieux et éclairé, il trouvait que l'un et l'autre compromettaient l'honneur du Gouvernement

Vous me dispensez, mes chers Paroissiens, de vous rapporter en détail les machinations, les ruses, les artifices qu'ont employés nos antagonistes, les ressorts qu'ils ont fait jouer, pourquoi ne dirais-je pas les calomnies qu'ils ont disséminées, pour nous faire perdre votre confiance, et pour éloigner de nous de plus en plus les personnes faibles et pusillanimes, qu'ils n'ont cessé de troubler, d'agiter, par ces grands mots, *intrusion*, *schisme*, *hérésie*, *suspension*, *excommunication* : expressions uniquement propres à démontrer leur ignorance et leur mauvaise foi, et à intimider les enfants et les personnes peu susceptibles de raisonner et de réfléchir. Je vous fais grace des petits moyens qu'ils savaient mettre en usage pour nous priver des oblations des fidèles, et se les procurer : moyens pour-ainsi-dire mercantilles, qui annoncent des cœurs jaloux, des cœurs avides, ne s'occupant que d'un vil intérêt, faisant de leur état purement un *métier* (V).

Parmi les différentes épreuves auxquelles nous avons été assujettis, la plus pénible, sans contredit, est la résiliation forcée de notre bail avant l'expiration des trois premières années, pour faire passer l'église de Ste.-Marie aux Protestans, à qui le gouvernement l'a concédée, par un arrêté du premier Consul, du 12 frimaire an XI. Mais, dans toutes les occasions, nous n'avons su que nous soumettre aux actes de l'autorité publique, quelque rigoureux qu'ils aient pu être (*). La somma-

(*) Ses sentimens à cet égard sont consignés, avec plus d'étendue, dans le dernier discours qu'il fit à ses paroissiens: discours qu'ils entendirent avec le plus grand intérêt et la

tion qui nous fut faite portait expressément, que si, dans trois jours, je n'avais cédé les lieux, je serais expulsé, et les meubles mis sur le careau, etc. Heureusement que les protestans, en faveur de qui était cette sommation, ne s'y conformèrent pas; et, sur la demande que j'en fis, le consistoire m'accorda la jouissance de l'église jusqu'au dimanche de *quasimodo* inclusivement. C'est un hommage à rendre à la justice et à la vérité, que le consistoire protestant en a agi envers nous avec une loyauté, telle que nous l'aurions pu trouver dans un conseil épiscopal.

Dès que nous fumes informés, par les papiers publics, de l'arrêté du premier Consul, qui affectait l'église Ste.-Marie à l'église consistoriale, nous n'eûmes rien de plus empressé que de redoubler de soins et de vigilance, et de multiplier nos instructions, sur les vérités capitales de la Religion; sur-tout, sur la nécessité de la foi en J. C. pour être sauvé; pour vous prémunir de plus en plus contre les sophismes des impies, et contre l'enseignement public de nos Pélagiens modernes; sur le péché originel; sur l'état des enfans morts sans baptême; sur le salut hors l'Eglise, etc.etc. Nous vous avons rappelé, avec plus d'étendue, ce que nous vous avons toujours enseigné, sur la nécessité où se trouvent tous les chrétiens, sans distinction d'âge et de sexe, de s'appliquer continuellement à la lecture de l'Écriture-Sainte, sur-tout du saint Evangile; d'en puiser la connaissance dans cet immortel ouvrage que le cardinal de Noailles, d'heu-

---

plus vive sensibilité, et dont tous désirèrent l'impression. On le trouvera ici à la suite de ses Notes et Pièces justificatives.

reuse mémoire, recommandait comme un riche dépôt, le plus propre à inspirer la piété au peuple, et à éclairer les pasteurs chargés de leur instruction. Combien, en effet, ces réflexions sont-elles propres à faire comprendre au lecteur chrétien, d'une manière très facile et en même temps très-solide, les maximes et vérités évangéliques qui regardent les mœurs, et qui sont répandues dans le Nouveau-Testament ! Quel plus puissant antidote pour vous préserver des maximes perverses de la morale corrompue de nos jours !

Nous ne cesserons jamais de demander au père des lumières, de dissiper dans vos esprits les ténèbres que peuvent y répandre les sophismes des impies, les erreurs des hétérodoxes, les préjugés du siècle présent, les dangers de l'éducation moderne, les charmes et les attraits des nouvelles doctrines, dont nos écoles sont empoisonnées depuis si long-temps. Prenez pour règle invariable ces mots de saint Athanase, rapportés par M. de Meaux, dans son premier avertissement : « *La foi de l'E-*
» *glise catholique est celle que J. C. a donnée,*
» *que les apôtres ont publiée, que les Pères*
» *ont conservée. L'Eglise est fondée sur cette*
» *foi ; et celui qui s'en éloigne, n'est pas chré-*
» *tien.* Tout est compris dans ces quatre mots :
» J. C., les Apôtres, les Pères, nous et l'E-
» glise catholique; c'est la chaîne qui unit tout;
» c'est le fil qui ne se rompt jamais ; c'est-là
» enfin notre descendance, notre race, notre
» noblesse, si on peut parler de la sorte, et le
» titre inaltérable où le catholique trouve son
» extraction : titre qui ne manque jamais aux
» vrais enfans, et que l'étranger ne peut con-
» trefaire ». Telle est la grande règle que nous

donnent les Pères, contre toutes les nouvelles doctrines, et vous ne devez jamais la perdre de vue. Il suffit, dit Tertullien, de compter leur âge pour les juger.

Telle est, mes chers Paroissiens, le détail circonstancié de ma conduite, que j'ai cru devoir mettre sous vos yeux, pour justifier l'application que j'ai faite des paroles de saint Paul : *J'ai bien combattu, j'ai achevé ma course, et je suis demeuré fidèle dans mon ministère.*

Douze ans de persécutions continuelles, surtout de la part des faux-frères, seize mois d'emprisonnement, citation et interrogatoire au tribunal révolutionnaire, auquel je n'ai échapé que par miracle, assassinat de ma personne, prémédité et constaté chez le commissaire de police ; difficultés sans nombre, obstacles à l'infini, toujours renaissans et toujours surmontés avec succès ; attention suivie à réunir les fidèles, et à grands frais, soit aux Annonciades, soit à Saint-Paul, soit à Sainte-Marie, soit dans les maisons particulières, toujours sous la surveillance de la police, catéchisant, instruisant, enseignant toujours la bonne voie, la voie qui conduit au salut (X). *Vous savez*, puis-je vous dire, *que je ne vous ai rien caché de tout ce qui pouvait vous être utile ; rien ne m'ayant empêché de vous l'annoncer et de vous en instruire en public et en particulier.* La crainte n'a jamais retenu la vérité captive dans mon cœur. *Je n'ai jamais estimé ma vie plus précieuse que moi-même : il me suffisait d'achever ma course, et de remplir le ministère qui m'avait été confié.* De lâches envieux de l'Apôtre avaient rendu son ministère et sa fidélité suspects auprès des Corinthiens ; il est bien glorieux pour moi d'avoir éprouvé le même sort que l'Apôtre, de la part de nos adversaires. Que n'ont-ils pas dit, que n'ont-ils pas fait, pour rendre mon ministère, non-seulement suspect, mais infructueux et inutile? *Mais nous trouvons le sujet de nôtre gloire dans le témoignage que nous rend notre conscience, de nous être conduit, à votre égard, dans la simplicité de cœur et dans la sincérité de Dieu, non avec la sagesse de la chair, mais dans la grace de Dieu. Vous connaissez la vérité des choses que je vous écris, et j'espère qu'à l'avenir vous la connaîtrez mieux.* Je vous dis, avec la même confiance, avec la même liberté que l'Apôtre : *Je suis assuré, par le témoignage de ma propre conscience, d'avoir été fidèle dans toutes les fonctions de mon ministère.*

Je ne puis m'empêcher, en finissant, de porter au tribunal de l'équité et de la raison, les idées qu'on a insinuées à M. l'Archevêque, sur mon compte ; on m'a noirci dans son esprit, en me donnant pour un homme de *parti*, pour un homme *singulier*. Je ne puis en douter : c'est M. Malaret qui m'en a fait l'aveu. Il ne faut pas mettre son esprit à la torture, pour trouver la cause de cette allégation. Ce parti auquel on me reproche d'être attaché, ce n'est point celui de l'Eglise constitutionnelle, ce n'est point le refus d'acceptation des brefs de Pie VI, ni le défaut de rétractation du serment civique, c'est l'attachement à la seule doctrine de saint Augustin, qui est celle des Papes, des Conciles et de toute l'Eglise : et c'est en effet la haine sécrette, la haine publique contre la doctrine de cette grande lumière de l'Eglise, contre ses disciples, et contre les amateurs de la pureté de l'Evangile, qui est, dans le fond, le premier mobile de toute la contrariété que nous éprouvons en ce moment. Disons-le ouverment : c'est le prétendu jansénisme, c'est-à-dire, l'attachement à l'œuvre sainte de Port-Royal, cette pépinière de grands hommes, où *Arnaud*, *Pascal*, *Nicole*, composèrent ces chefs d'œuvre où l'homme de bien trouve le développement de cette morale pure dont le Ciel mit le germe dans tous les cœurs. Parmi les prodiges dont nos pères ont été les témoins, nous comptons avec justice ces solitaires immortels, qui s'y sont rendus si recommandables par leur piété et leurs lumières. Il ne nous est pas permis d'y songer, sans un sentiment mêlé de respect et de reconnaissance. La postérité la plus reculée les placera toujours parmi les plus célèbres et les plus zélés défenseurs du trône et des autels, de la doctrine évangélique et de la pureté de la morale. Et on a l'impudeur de traiter de *gens de parti* des hommes qui, autant par inclination que par leurs lumières, furent toujours éloignés de tout ce qui s'appelle *cabale* et *intrigue* ! et on nous fait un crime d'être attachés à ces hommes vénérables, qui, disciples les uns des autres, ont conservé parmi nous, par une succession non interrompue, la tradition de la vraie piété et de la saine doctrine ! et on ne rougit pas de nous proposer pour règle de mœurs et de conduite, les maximes perverses, la morale corrompue, la doctrine infernale de cette nuée ténébreuse de casuistes plus pervertis, plus corrompus les uns que les autres, les *Sanchès*, les *Vasquès*, les *Suarès*, les *Busembaum*, les *Santarel*, les *Bauni*, les *Casnedi*, les *Barri*, les *Molina*, les *Hardouin*, les *Berruyer*, les *Escobard*, les *Tembourin*, les *Moya*, les *Francolin*, les *Pichon*, etc. ! Quels maîtres ! quelle doctrine ! quelle morale ! Docteurs de mensonge, maîtres d'erreur, ils ont enfanté tous ces monstres d'opinions dont l'Eglise est infectée, et qui ne vont pas à moins qu'à la ruine entière du Christianisme, et à faire un mélange monstrueux de toutes sortes de religions : c'est ce qu'avait prédit un de leurs généraux, dans une lettre adressée à tous les supérieurs de la Compagnie : *Qu'il était à craindre que les opinions trop libres de la Société, sur-tout ce qui regarde les mœurs, non-seulement ne la détruisissent elle-même, mais encore qu'elles ne causassent de très-grands dommages à l'Eglise en général.* Nous avons la douleur de voir l'accomplissement de cette espèce de prophétie. Qu'ils sont effroyables, en effet, les dommages que la Société a causés à l'Eglise, en attaquant tous ses dogmes, en corrompant tous les points de sa morale ! Connaît-on quelque chose de plus relâché, de plus corrompu, de plus horrible, que les principes et les conséquences de la morale des Jésuites ! En voici quelques traits : ils suffiront pour s'en former une juste idée. Une morale qui, dans son principe général, coupe l'homme en deux, pour en faire, tantôt un pur homme, qui, réduit à des vertus ou à des vices naturels, ne doit craindre ou espérer que des châtimens ou des récompenses naturelles ; tantôt un chrétien également incapable de faire des actions méritoires pour se sauver, ou de se damner, par l'impossibilité de commettre des péchés qui soient dignes de la peine éternelle : une morale qui, dans son principe particulier, renvrese les deux règles des mœurs, la loi de

Dieu, qu'on peut violer impunément, à la faveur d'une prétendue ignorance invincible; la conscience, qu'on peut suivre sans danger, soit qu'elle soit probable, soit qu'elle soit erronnée : une morale qui, dans ses conséquences, détruit toutes les vertus, qui autorise tous les vices, qui dispense de tous les devoirs. Et l'on ose nous traiter d'homme de parti! et l'on ose nous faire un crime de ne pas professer des principes aussi horribles, et de détester d'aussi horribles conséquences! *Pasteurs*, ou plutôt, *idoles*, demeurerez-vous toujours dans votre assoupissement léthargique? Mon Dieu, jusqu'à quand souffrirez-vous un scandale si affligeant! *secourez-nous, nous périssons.*

Je passe à la seconde allégation, celle d'homme *singulier*, et vous jugerez si l'application de ce terme est heureuse et raisonnable. Cette expression peut être prise en mauvaise part, et j'aime à croire que M. Malaret ne l'a pas prise en ce sens-là, et qu'il n'a entendu désigner qu'une façon d'agir, de parler et de penser, différente de celle des autres. Je n'en rougis point; et, quand on a pour soi la religion, la raison et le sens commun, on n'a pas lieu de craindre une pareille censure. Je vais citer les objets les plus spécieux, qui ont pu l'avoir occasionnée; et j'ose me flatter que si j'ai agi, pensé ou parlé différemment des autres, c'est que l'usage, ou, si vous aimez mieux, l'abus ne doit pas être la règle de tout homme qui réfléchit. Voici donc les singularités qu'on me reproche; jugez de leur importance. *Vous avez réuni les enfans indistinctement pour les catéchismes; vous avez supprimé les premières Communions générales et en commun; vous éloignez trop la première Com-*

munion des enfans. C'est-là une singularité qui paraîtra, sans doute, d'une espèce bien singulière : réunir les enfans d'une même mère, d'une même famille, pour leur apprendre les élémens d'une Religion qui les concerne tous également ! Toute distinction n'est-elle pas contraire à l'esprit de cette tendre mère ? A-t-elle fait distinction des uns et des autres, lorsqu'elle les a régénérés en Jésus-Christ ? Leurs noms ne sont-ils pas confondus sur le registre, où est consigné le jour précieux où elle les a reçus dans son sein ? D'ailleurs, à ne parler que politiquement, pourquoi ne pas employer, pour enseigner la religion aux enfans, le même moyen qu'on employe pour leur faire apprendre les sciences ? Dans les collèges, fait-on distinction de l'enfant du bourgeois, de l'artisan, du noble, du roturier ? Ne sont-ils pas également confondus dans la même classe, à raison de leurs facultés intellectuelles ? Quel moyen plus sûr d'animer, de porter à la vertu, les enfans du commun, dont l'éducation est malheureusement si négligée, que les exemples de ceux dont l'éducation est plus soignée ? Quel puissant aiguillon pour les pères et mères à envoyer leurs enfans au catéchisme, quel encouragement pour les enfans à s'y rendre, de savoir qu'ils y sont traités avec les mêmes soins, les mêmes égards, que ceux des personnes distinguées dans la société, par leur dignité ou par leurs richesses ? L'Eglise et l'État sont également intéressés à cette réunion ; elle est dans l'ordre de la nature, comme dans l'ordre de la grace.

Quant à la *suppression des premières Communions générales*, il faut bien peu connaître l'importance d'une action aussi sainte, pour blâmer une mesure aussi sage. Il n'est personne de bonne foi qui n'avoue qu'il est du plus grand intérêt de la religion et de la société, qu'une action aussi sainte ne soit pas précipitée. Qui ne sait qu'elle influe sur toute la vie ? Faite avec les dispositions requises, elle est la source des plus abondantes bénédictions, comme elle est l'origine des plus grands malheurs, pour ceux qui n'y portent pas l'épreuve suffisante prescrite par l'Apôtre. Nous ne nous conformons pas, il est vrai, aux usages reçus : mais les usages ne furent jamais la raison. L'expérience nous a appris que cet appareil des premières Communions, autorisé par l'usage, a le très-grand inconvénient de dissiper et de distraire les enfans, presque uniquement occupés de leur frisure et de leurs ajustemens. Leur légéreté leur permet-elle de soutenir leur attention à un objet aussi essentiel, pendant l'espace de deux ou trois heures que durent ordinairement ces tumultueuses cérémonies ? Qu'on en juge par ce qui est rapporté dans le *journal des Débats*, du 30 prairial an X, d'une première Communion, d'environ 300 enfans des deux sexes, à Saint-Eustache. Le journaliste exagère l'influence que des cérémonies d'un intérêt aussi grand ont sur les mœurs publiques ; il exalte, surtout, la haute idée que ces enfans ont dû concevoir de cet acte religieux : « tout, dit-il, jusqu'à leur parure, leurs cierges, leur procession, leur offrande, tout cela formait un tableau que l'imagination a saisi, etc. ». Voilà en effet des objets bien propres à émouvoir le cœur, et à laisser, dans la mémoire, des traces profondes du plus auguste comme du plus terrible de nos mystères, des *parures*, des

cierges,

cierges, des *offrandes*! et c'est ce qu'on nous donne pour le rétablissement de la Religion!

Enfin, à cet égard, on *nous reproche de trop retarder la première Communion des enfans*. C'est encore-là une grande singularité, que de prendre, pour disposer sûrement à une action aussi sainte, le moyen que prescrit S. Paul à tout homme qui veut manger de ce pain et boire de ce calice, une épreuve suffisante : *Probet seipsum homo*. Je ne m'érige point en censeur de la conduite d'autrui ; mais j'avoue, avec franchise, que je ne me connais pas assez de lumière, ni assez de talens, pour me contenter de quelques mois d'épreuves pour une action aussi importante. Les règles sont les mêmes pour tous les âges ; elles sont invariables : il faut, d'une part, l'instruction ; et, de l'autre, la pureté des mœurs. Je le demande : les enfans sont-ils bien instruits, pour être venus au catéchisme deux fois par semaine, en Avent et en Carême? pour avoir appris, tout au plus littéralement, une petite partie du catéchisme, sans en connaître le sens, ignorant les choses essentielles au salut, et hors d'état de rendre compte, à leur manière, de leur foi? Quant aux mœurs, il ne suffit pas, pour qu'un enfant ne soit pas en état de communier, qu'il soit grossièrement méchant, ni qu'il ait atteint ce dégré de malice dont tout le monde a horreur : M. Nicole, qui se connaissait en cette matière, nous trace le tableau de ceux qu'il faut éloigner de la Table sainte ; et, à coup sûr, on ne peut pas se tromper en suivant un pareil maître. Il faut éloigner ceux qui aiment le jeu et la dissipation, qui s'ennuient de la prière, des bonnes lectures et de tout ce qui est sérieux, sans aucun goût pour la piété, sans religion; qui ne sont occupés qu'à se satisfaire, qui rapportent tout à soi, qui sont pleins d'estime pour eux-mêmes, qui ne pensent point à Dieu ni à l'éternité, qui n'ont que du dégoût pour les maximes de l'Evangile, qui s'acquittent des devoirs de la piété sans aucun sentiment, qui, avec cela, sont dominés par des vices spirituels, comme l'orgueil, l'amour-propre, l'ambition, la vanité, le mépris des autres, l'envie, la duplicité, l'esprit du monde, esprit directement opposé à l'esprit de J. C. Il n'est que trop vrai que les enfans de ces caractères ne sont que trop nombreux : sommes-nous blamables de prendre toutes les précautions pour examiner les enfans, avant de les faire communier? Dût-on nous traiter de rigoriste, nous consignerons ici le principe fondamental de la morale. Il n'y a point de milieu, quiconque n'est pas sous le règne de la charité, est dominé par la cupidité; et celui en qui la cupidité règne, n'est point juste, mais pécheur : il faut donc qu'il sorte de cet état par une vraie et sincère pénitence. La règle ne souffre point d'exception : à tout âge, il faut un changement réel, qui soit garanti par une conduite et des sentimens différens.

Vous ne faites point d'exposition, point de salut du S. Sacrement. Quoique vous célébriez les saints Mystères, vous pensez, sur la présence réelle de Jésus-Christ dans l'Eucharistie, comme les Calvinistes.

L'inculpation ne saurait être plus grave.... Nous pourrions demander au Gouvernement la permission de citer en justice réglée nos accusateurs, pour les obliger à réparer publiquement l'injure atroce qu'on nous fait publiquement : c'est une justice qu'on ne pourrait nous refuser : le Gouvernement est le protecteur des canons, et les canons ont pourvu à l'honneur des ministres de l'Eglise ; les canons ont décerné des peines contre les calomniateurs ; mais nous préférons d'imiter S. Paul, de gémir et de souffrir en paix. Ce n'est point une paix d'indolence, d'insensibilité, ce serait une paix fausse et très-condamnable ; c'est un silence humble et pacifique, qui se contente de répandre devant Dieu sa juste douleur, qui lui demande d'être affermi dans le bien, et de ne le pas abandonner à ses calomniateurs. J. C. fut accusé de Samaritanisme ; il n'est pas bien étonnant que je le sois de Calvinisme. Heureux le disciple qui a quelque ressemblance avec son maître ! Il nous suffira de répondre en peu de mots, à la singularité qu'on nous reproche, de ne point faire d'exposition ni de salut du saint Sacrement.

Il faut avouer que nos accusateurs connaissent bien peu les règles. Où ont-ils trouvé qu'il faille faire cette exposition aussi fréquemment ? La bulle qui a établi la solemnité de l'Eucharistie, ne parle ni d'exposition, ni de procession, ni de salut du S. Sacrement. Je ne connais d'autre loi dans l'Eglise, que celle qui l'ordonne pour le jour de la Fête-Dieu et son octave. Il est même défendu, par les statuts du diocèse, de faire cette exposition sans la permission de l'évêque. Je n'ai pas jugé à propos de la demander, parce que je la trouve contraire aux règles et à l'esprit de l'Eglise : ainsi le pensait le Chapitre de Notre-Dame de Paris, qui refusa l'exposition du S. Sacrement, qu'un sieur Bourgeois voulait être faite, tous les jeudis de l'année, à l'Hôtel-Dieu, moyennant une fondation. Ainsi le pensait le même Chapitre, qui, de nos jours, n'exposait la divine Eucharistie, que le jour de la Fête-Dieu et le jour de l'octave, encore pas long-temps; qui, selon les statuts, ne l'exposait point pendant les Jubilés; à qui il fallait une lettre-de-cachet pour le déterminer à faire cette exposition, même dans les occasions les plus extraordinaires. Est-ce donc une singularité de se conformer à l'esprit et aux usages de la mère-église?

Personne n'ignore que toute la Faculté de Théologie se rassemblait, à six heures du matin, pour la procession, le jour de l'octave de la Fête-Dieu; que la divine Eucharistie était seulement exposée pendant la messe qu'on disait dans l'église de la Sorbonne; et qu'à la fin de la messe, on consumait la sainte hostie qui avait été portée en procession. Quels guides plus sûrs, que nos sages maîtres qui sont les dépositaires de la science?

Quoique les religieuses de Port-Royal fussent spécialement consacrées à l'adoration perpétuelle de la divine Eucharistie, le bref de leur institut leur défend d'exposer le Saint Sacrement tous les jeudis, n'étant pas l'intention de l'Eglise Romaine que cela se fasse si fréquemment. Cette dévotion extérieure ne contribue pas à faire honorer davantage ce redoutable mystère, dont le culte est d'autant plus parfait, qu'il est plus intérieur. L'expérience journalière ne nous apprend-elle pas, et nous le disons dans toute l'amertume de notre ame, que cette exposition si fréquente, et qui se fait en toute rencontre, sans discernement, n'est propre qu'à diminuer la révérence qui lui est due, et que le moindre mal qu'il en résulte, c'est qu'elle devient inutile et sans fruit ?

Quant *aux saluts*, c'était un usage reçu par-tout qu'on n'en faisait qu'à raison des fondations. Autre-fois, il y en avait très-peu à Saint-Paul, sur-tout les dimanches, et il n'y en avait jamais aux grandes fêtes, du temps de M. Guéret. Animés d'un autre esprit, mes prédécesseurs immédiats les avaient multipliés, plus par intérêt, que par piété, puisqu'ils avaient sollicité et reçu des fondations *ad hoc*. Les deux plus récentes, si je m'en souviens bien, étaient celles de M. Egresset et de Madame Cotte. Voici des faits dont j'ai été constamment le témoin oculaire, jusqu'au moment où l'impiété a fermé nos temples : chaque fois que j'exposais le S. Sacrement, les dimanches, pour acquit des fondations, après complies, à peine avais-je donné ce qu'on appelle, en langage ordinaire, la première bénédiction, j'avais la douleur de voir presque tous les prêtres, et sur-tout les anciens, sortir du chœur avec une précipitation indécente (ces Messieurs étaient des prêtres de l'ancien régime), si toute-fois vous en exceptez les jours où il y avait une rétribution manuelle. Il me semble encore voir le bon M. Balavoine, à la porte du chœur, son bonnet-quarré à la main, donner à chacun son petit paquet. Il est si vrai que l'intérêt était le principal motif de ces saluts, qu'ayant voulu en faire les jours de dimanches où il n'y avait pas de fondation, les chantres refusèrent le service, parce qu'ils n'étaient pas payés. Au salut des jeudis, il n'y avait que deux chantres, alternativement, parce que la rétribution que donnait la confrairie du S. Sacrement n'était pas assez forte. Que de solides réflexions j'aurais à faire à ce sujet ! et quelle preuve plus convaincante de la nécessité de supprimer l'exposition de l'Eucharistie, et de la restraindre à la solemnité de cette fête !

Vous récitez le canon de la messe à haute et intelligible voix ; vous faites répondre amen *aux assistans, ou au moins aux clercs ; vous ne donnez la communion qu'à la messe, et vous ne faites pas répéter le* confiteor. Réciter le canon à haute voix, c'est agir contre la tenue des rubriques ; j'en conviens ; mais les rubriques ne sont ni la raison, ni l'esprit de l'Eglise : je respecte MM. les Rubriquaires ; la plûpart sont des hommes estimables ; mais la plûpart n'ont suivi que les préjugés du temps où ils vivaient, et n'ont point porté, dans l'examen qu'ils ont fait des productions de leurs prédécesseurs, cet esprit d'une critique judicieuse, qui sait distinguer ce qui est de l'homme, de ce qui est de la raison ; ce qui se prend du fonds des choses, et non de l'opinion des autres.

C'était anciennement la règle, que le canon était lu à haute voix, *dit le célèbre docteur Arnauld*, afin que le peuple, entendant ce qui s'y disait, pût répondre *amen* : ce qui est une preuve évidente que la messe est un sacrifice public ; que ceux qui y assistent, offrent ce sacrifice conjointement avec le prêtre qui le célèbre ; et que le consentement du peuple est requis dans l'office de la messe : d'où il suit que le canon doit être lu clairement et à haute voix, afin que le peuple donne son consentement, et réponde *amen*, à l'action de grace que le prêtre rend à Dieu. S. Augustin nous apprend que ce mot *amen* marque que le peuple a entendu ce qui se dit ; afin que le peuple réponde *amen* sur ce qu'il a pleinement entendu : or, comment l'entendra-t-il, si on la prononce à basse voix ? Et comment consentira-t-il à ce qu'il n'aura pas entendu ? A ce témoignage de S. Augustin, je me contenterai d'ajouter celui de Cassander, un des plus savans hommes de son siècle, et qui, le premier, ait écrit solidement sur la liturgie. En parlant de la secrette, il dit : « Il ne faut pas s'imaginer que cette oraison soit appelée secrette, parce qu'il n'est pas permis de la savoir ou de l'entendre ; mais parce qu'elle ne se chante pas à haute voix, non plus que le canon ». Il n'y a pas d'autre différence entre ce que nous appellons messe haute et messe basse ; que l'une est chantée, et que l'autre ne l'est pas ; dans l'une et l'autre, tout ce qui n'est pas chanté doit être lu de manière à être entendu par les fidèles qui y assistent, sans distinction de sexe : le sacrifice de la messe est commun aux hommes et aux femmes ; les uns et les autres joignent leurs prières à celles du prêtre. Comme le prêtre fait des vœux pour le peuple, le peuple en fait aussi pour le prêtre ; car ces paroles, *et avec votre esprit*, ne signifient que cela. La prière par laquelle on rend graces à Dieu, est commune aux uns et aux autres. Ce n'est pas seulement le Prêtre, qui rend graces à Dieu, c'est encore tout le peuple. Aussitôt que le prêtre a pris la parole des fidèles, et qu'ils ont déclaré, d'un commun accord, que *cela est juste et raisonnable*, alors le prêtre commence l'action de graces. Tout ceci est de S. Chrisostôme. Nous ordonnons, dit l'empereur Justinien, que tous les évêques et les prêtres célèbrent la messe à haute voix, ensorte que le peuple fidèle la puisse entendre ; afin que leurs esprits s'élèvent vers Dieu, et se portent avec plus de dévotion à célébrer ses louanges. A des autorités aussi respectables, j'ajouterai l'exemple des personnages les plus éclairés, qui connaissent, et même de quelques-uns qui d'ailleurs connaissent peu les règles et l'esprit de l'Eglise. Feu M. de Beaumont récitait le canon à haute et intelligible voix : j'invoque ici le témoignage de MM. les Chanoines qui lui survivent encore ; M. de Beaumont ne faisait en cela qu'exécuter un décret du concile de Bâle, inséré dans la pragmatique sanction, où il est rapporté en ces termes : *Lorsque vous célébrez, élevez votre voix, ensorte qu'elle puisse être entendue de tous les assistans ; que celui qui fera autrement soit châtié.* Est-ce donc une singularité, de suivre l'exemple de M. de Beaumont, dont la conduite est autorisée par un concile général, reconnu pour légitime en France ? Aucune loi, l'ancien concordat lui-même, n'a point dérogé à cet article ; il est dans toute sa force et dans toute sa vertu. Qui nous assurera, dit le pieux Mésangui, qu'un prêtre, que personne n'a entendu, a consacré le pain et le vin, et qu'il a offert pour nous le corps et le sang de J. C. ? Tout ce que je vois, n'est pas tout ce qui doit y être : il faut que j'entende les paroles qui accompagnent les actions, et qui leur donnent, pour ainsi dire, l'ame et la vie ; et que je les entende, non-seulement pour pouvoir m'y unir d'esprit et de cœur, mais encore pour être certain qu'il y a un vrai et réel sacrifice.

Vous ne donnez la communion aux fidèles qu'à la messe, et vous ne faites pas réciter le confiteor. Si c'est-là une singularité, je m'avoue coupable ; mais convenez aussi que c'est une singularité bien légitime, puisqu'elle a pour base la raison, la nature de la chose et l'usage commun du diocèse. Nul ne doute que le sacrifice de la messe soit un festin de famille où sont invités ceux qui la composent, et où, assis à la même table, ils reçoivent la chair de l'agneau immolé. Que penseriez-vous d'un repas de cérémonies, selon le monde, où, parmi les convives, les uns mangeraient avant, les autres après le repas ? Vous conviendrez que l'unité du repas serait rompue. N'est-ce donc pas rompre l'unité du festin de J. C., qui n'est qu'un pour le prêtre et pour le peuple, comme la ste. Cêne ne fut qu'une pour J C. et ses disciples ? N'est-ce pas en faire deux séparées, l'une pour le prêtre seul, à la messe; l'autre pour le peuple, après la messe ? La messe n'est-elle pas le sacrifice de touté l'Eglise ? Le prêtre et le peuple ne l'offrent-ils pas ensemble à Dieu ? Il est donc convenable que tous ceux qui sont en état, y participent dans le même temps et dans la même circonstance. Il est tout-à-fait contraire au bon ordre et à l'esprit de l'Eglise, de remettre la communion au sacrifice après que le sacrifice est fini ; c'est induire le peuple en erreur ; c'est lui faire croire que le sacrifice de la messe et la communion des fidèles sont deux actes de religion indépendans l'un de l'autre. C'est sur ces principes, que S. Charles ordonne aux curés de garder avec soin l'ancien usage de donner la communion au peuple immédiatement après avoir pris le précieux Sang. Les papes Paul V et Urbain VIII ont ordonné la même chose dans le rituel romain. C'est donc avec grande raison, dit le catéchisme de Montpellier, que les pasteurs zélés rétablissent, autant qu'ils le peuvent, l'ordre naturel de la communion, et que plusieurs évêques avertissent les curés, dans leurs statuts synodaux, de faire communier le peuple immédiatement après la communion du prêtre; et de ne donner, s'il est possible, la communion hors la messe, qu'aux infirmes. Quant au *confiteor*, etc., que l'on fait répéter, c'est insulter à la piété des fidèles qui se présentent à la sainte Table, puisque c'est supposer qu'ils n'ont pris aucune part à ces prières, quand elles ont été récitées avec le prêtre et avec toute l'assemblée. Cette méthode rompt l'unité du sacrifice entre le prêtre et le peuple; elle est d'ailleurs nouvelle et peu respectable dans son origine. Le savant père Morin assure que les religieux mandians ont été les premiers à introduire cette pratique dans l'Eglise; et certes, ces religieux mandians ne sont pas roujours des modèles à suivre.

Vous ne faites pas chanter, après complies, les antiennes à la Vierge : vous ne croyez donc pas à la Vierge. En prenant le terme *croire* à la lettre, je réponds que j'ai la plus grande confiance en l'intercession de la Ste. Vierge, que j'invoque et honore comme la Mère de Dieu et la plus sainte des créatures; mais que je ne crois qu'en Dieu, et n'adore que lui; parce que lui seul est mon souverain bien et ma dernière fin, suivant l'expression du catéchisme de Paris : mais en supposant, comme j'aime à le penser, que nos graves censeurs n'entendent ici par le terme *croire*, qu'*avoir confiance en l'intercession*, *invoquer*, *honorer*, je réponds : la première partie de cette inculpation est un fait, et un fait incontestable : mais la conséquence qu'on en tire est une absurdité. Conclure que l'on ne croit pas à la Vierge, c'est-à-dire, qu'on rejette le culte que l'Eglise lui rend, parce que l'on ne chante pas en son honneur des antiennes qu'aucune loi, qu'aucune rubrique n'oblige de chanter, c'est assurément abuser de sa raison : or, quelle est la loi, quelle est l'ordonnance des supérieurs, qui ordonne de chanter l'*Alma*, le *Regina Cœli*, le *Salve*? J'ouvre mon bréviaire, et je trouve qu'à la fin de complies, on laisse la liberté de chanter ou de ne pas chanter ces antiennes. Suis-je coupable de faire ou de ne pas faire ce qui est laissé à mon libre arbitre ?

Mais ces antiennes sont d'un usage universel dans les différentes Eglises : j'en conviens avec vous ; mais vous convenez aussi avec moi, qu'il est une règle contre laquelle l'usage ne prescrira jamais ; et cette règle invariable, imprescriptible, c'est la raison. Mais encore, c'est se singulariser d'une manière étonnante, de ne vouloir pas faire ce que font tant d'autres de temps immémorial. Je rends hommage à tant d'hommes estimables, qui, par respect pour l'usage, laissent subsister des abus déshonorants et nuisibles à la véritable piété ; mais peut-on les excuser aux yeux de la raison, et même de la foi ? Il y a une grande analogie entre l'une et l'autre : c'est une heureuse singularité, que celle qui a pour partage la raison et la foi, et qui n'est combattue que par des hommes qui n'ont ni le courage, ni la force de tenter la réforme des abus.

Il ne sera pas hors de propos de rappeller ici un fait dont le plus grand nombre d'entre vous n'est pas instruit. Lorsque M. de Ventimile entreprit la reforme du bréviaire de Paris, on avait supprimé, dans cette reforme, ces antiennes, comme peu propres à honorer Marie, ou plutôt comme plus propres à la déshonorer, en lui attribuant des qualités qui n'appartiennent privativement qu'à J. C. La foule des dévots, des zélantis, qui perdent les ames en restreignant le salut éternel à des pratiques faciles, à des prières qui ne gênent ni le cœur, ni les passions, ces hommes crièrent au scandale, à l'impiété, à l'irréligion. Moins religieux que politique, M. de Ventimile se laissa intimider par leurs clameurs : il eut la faiblesse de souffrir qu'on insérât, dans le bréviaire, ces antiennes à la Vierge ; mais il laissa à la dévotion de chacun d'en faire tel usage qu'il voudrait ; et il n'ordonna rien à cet égard. Dans les nouvelles éditions qu'on a données du bréviaire, MM. de Beaumont et de Juigné n'ont rien innové à ce sujet. Ils étaient donc persuadés l'un et l'autre, qu'on pouvait ne pas chanter ces antiennes, sans courir risque d'être entaché de la notte infamante de ne pas rendre à la sainte Vierge le culte que l'Eglise lui rend.

Pour me justifier d'une inculpation aussi grave, il me suffira de dire un mot de l'antienne *Salve Regina.* Vous qui vous déclarez si hautement en faveur de cette antienne, en connaissez-vous l'origine ? Elle ne remonte que vers le milieu du 13e siècle ; elle prit naissance chez les FF. Précheurs, de Bologne. Voici comme le judicieux M. Fleuri rapporte ce qui y donna occasion. Un Frère, nommé Bernard, demandait à Dieu une pénitence singulière, pour l'expiation de ses péchés passés. Après avoir long-temps délibéré, il demanda et obtiut d'être obsédé du démon:

(l'obsession se dit de l'état d'une personne qu'on suppose troublée et tourmentée par le démon : ce qui est différent de la possession, qui signifie l'habitation actuelle du diable dans un corps). Ce fut à cette occasion que fut chanté le *Salve Regina*, pour la première fois, dans la maison des FF. Prêcheurs de Bologne, d'où elle s'étendit à tout l'Ordre. Pour l'accréditer, on demanda l'autorisation de Rome. Ce fut Grégoire IX, ce pape fougueux qui détrônait les Rois, qui ordonna qu'on chanterait le *Salve*, les vendredis seulement, après complies.

Disons un mot sur la prière elle-même. A Dieu ne plaise que je veuille m'ériger en censeur. Animé de l'esprit de l'Eglise, qui est un esprit de tolérance et de charité, je ne blame pas les autres, je respecte même leurs opinions; mais il s'agit de justifier la mienne. Il n'y a pas de doute que cette antienne renferme des expressions révoltantes, dignes du temps d'ignorance qui l'a imaginée ; en un mot, des expressions injurieuses à Marie et à J. C. même : ce qui est très sensible ; et en voici la preuve. J. C. a dit de lui-même, qu'il est la voie, la vérité et la vie ; et l'on dit à Marie, qu'elle est la vie, la douceur et notre espérance, *vita, dulcedo et spes nostra.* Marie peut-elle avoir pour agréable des applications qui ne conviennent qu'à son fils, en tant que Dieu et homme? Nous n'avons d'espérance qu'en J. C.; il n'y a point d'autre nom que le sien par lequel nous puissions être sauvés... On dit à Marie : dans cette vallée de larmes, dans ce lieu d'exil, nous soupirons après vous, *ad te suspiramus.* S. Paul désirait ardemment a dissolution de son corps ; il ne soupirait qu'au moment où il pourrait être réuni à J. C. Que veut-on dire, quand on demande à Marie de nous montrer son fils, après que nous aurons terminé notre carrière? *Jesum... ostende.* La plus grande grace que l'on puisse faire à l'auteur de cette prière, et à ceux qui la récitent, c'est de ne savoir ce qu'ils disent. Encore si, à l'exemple des Chartreux, on ajoutait, *Jesum ostende nobis placatum* : nous vous conjurons d'intercéder pour nous auprès de J. C. votre fils ; rendez-nous le propice et favorale à l'heure de notre mort, cette idée serait supportable dans l'analogie de la foi ; mais dire à Marie, montrez-nous votrs fils, le fruit de votre ventre, *fructum vestris tui*, c'est une expression où l'on ne trouve ni piété, ni lumière. Et qu'est-ce qu'une prière sans lumière et sans piété, qui ne donne rien à l'esprit et au cœur? Marie, en sa qualité de Mère de Dieu, peut beaucoup auprès de son fils ; mais elle ne peut rien par elle-même. Marie mérite, sans doute, nos respects et nos hommages ; nous ne saurions mettre trop de confiance dans son intercession toute puissante auprès de son fils : mais elle ne saurait agréer des prières, ou insignifiantes, ou exagérées, qui n'ont aucun sens dans la bouche de ceux qui les prononcent. Je vous le demande : si vous aviez une requête à présenter à un homme, lui exposeriez-vous vos besoins de manière à ne pas vous entendre vous-même? Emploiriez-vous des termes qui, en exagérant ses qualités et son pouvoir, seraient plus propres à l'offenser et à l'irriter, qu'à vous attirer sa bienveillance? Nous ne méritons donc pas l'inculpation qu'on nous fait, de rejetter le culte que l'Eglise rend à la sainte Vierge, pour ne pas chanter le *Salve*, puisqu'il n'y a ni rubrique, ni statut du diocèse qui nous y oblige. C'est d'après toutes ces considérations, c'est d'après les principes bien connus et bien sentis, d'une véritable et solide piété, que nous nous sommes déterminés, après avoir pris l'avis de personnes judicieuses et éclairées, à substituer aux antiennes d'usage, l'ouvrage des hommes, celle dont on se sert pour les mémoires, et dont les paroles ont été inspirées par l'Esprit-Saint : *Vous êtes bénie entre les femmes, et le fruit de vos entrailles est béni*...... *Benedicta tu*, etc.

Vous récitez les prières du prône en français; vous administrez les sacremens en français; Vous faites chanter des pseaumes en français. Ce sont-là des faits; et je suis bien loin de les désavouer; je m'applaudis même d'avoir eu le courage de le faire. Je sais qu'on a cherché à me ridiculiser, et à m'assimiler à cet égard aux protestants; je sais que quelques-uns ont été jusqu'à interdire à leurs dévotes de prendre part à aucunes de ces pratiques prétendues calvinistes. De toutes les singularités qu'on nous reproche, celle-ci est, sans doute, la plus singulière : en a-t-on jamais vu de pareilles! faire parler français à des Français, lorsqu'ils parlent à Dieu; faire chanter en français, des Français, lorsqu'ils chantent les louanges de Dieu, n'est-ce pas le comble du ridicule, l'*ultimatum* de la déraison! On serait tenté de croire que, par une singularité bien autrement singulière, ces judicieux Aristarques pensent que Dieu n'entend pas le français : ou plutôt ne faut-il pas croire que le Clergé français a décidé, contre toute raison, que les Français, quand ils parlent à Dieu, et qu'ils chantent ses louanges, doivent, en dépit du bon sens, parler, chanter une langue qu'ils n'entendent pas ! Je dis le Clergé français, car l'Eglise est trop sage, elle a trop à cœur les intérêts spirituels des Français, pour exiger qu'ils parlent à Dieu, sans savoir ce qu'ils lui disent : ce serait insulter à la tendresse de cette Mère commune des fidèles ; ce serait contredire trop ouvertement l'esprit de sagesse et de vérité qui l'anime. Lorsque J. C. fit la dernière Cêne ; qu'après avoir rendu graces, il rompit le pain, et le donna à ses disciples, en leur disant : prenez et mangez, *ceci est mon corps*, employa-t-il un langage inconnu, que les apôtres n'entendaient pas ? Lorsqu'il dit à ses apôtres et à ses disciples : recevez le S.-Eprit, les péchés seront remis, etc., dira-t-on que Jésus-Christ parlait un langage étranger, inintelligible ! Ce serait, sans doute, un blasphême qu'un pareil paradoxe ! Eh ! fut-il jamais une proposition plus contraire à la saine raison et au seul bon sens ! Les apôtres et les disciples, lorsqu'ils allèrent prêcher l'évangile à toutes les nations, ne parlèrent-ils pas les langues en usage parmi les nations auxquelles ils l'annonçaient ? Et le grand apôtre ne défend-il pas qu'on parle des langues inconnues ?

Je ne connais point de loix de l'Eglise qui ait fixé l'idiôme qu'on doit employer pour parler à Dieu, et chanter ses louanges ; l'Eglise n'a jamais prétendu que ses prières et sa liturgie sont des mystères qu'on doit cacher au commun des fidèles ; rien ne serait plus contraire à son esprit, à sa gloire et à ses intérêts : ce serait la confondre avec les fausses religions. L'Eglise ne demande qu'à faire connaître, dans le plus grand détail, sa doctrine,

ses

ses pratiques : c'est un fait qu'on ne saurait contester sans se rendre ridicule, que l'Eglise, dès le commencement, a pris pour la langue de sa liturgie et de ses prières publiques, celle qui dominait dans les lieux où elle formait ses établissements. L'Histoire Ecclésiastique nous fournit des preuves incontestables de cette vérité. Ce n'est point l'Eglise qui a choisi elle-même une langue inconnue, pour faire ses offices. Si la langue dont on se sert aujourd'hui dans la célébration des offices divins est inconnue au plus grand nombre des fidèles, c'est que l'Eglise n'a pas pu suivre d'abord les variations qui sont arrivées dans les langues vivantes dont on avait fait usage dès le commencement; mais l'Eglise n'en est pas la cause. Jamais on ne persuadera à quiconque voudra réfléchir, que l'intention de l'Eglise est que ses enfans parlent à leur père, sans entendre ce qu'ils lui demandent. On ne doit imputer cette bizarre absurdité, ce funeste changement qui s'est introduit dans son sein, qu'à cet esprit différent du sien, qu'elle ne peut qu'improuver, et qu'elle désavoue, quoiqu'elle le tolère. C'est à cet esprit étranger au sien, qu'on doit attribuer toutes les entreprises, toutes les tentatives qui ont été faites pour enlever aux fidèles l'avantage précieux et inestimable de se joindre, avec intelligence, aux prières de l'Eglise, en les forçant de parler une langue qu'ils n'entendent pas.

Revenons à la singularité qu'on nous reproche, de réciter en français les prières du prône. Est-ce bien sérieusement qu'on nous fait ce reproche ? De quoi s'agit-il donc ? de la récitation de deux pseaumes, de l'oraison dominicale, en français. Est-ce donc là le renversement de l'ordre, de la liturgie ? Cette récitation a-t-elle causé du trouble, du scandale? c'est à ceux qui crient à la nouveauté d'en faire la preuve : j'en appelle à ceux qui en ont été témoins. Qu'ont-ils apperçu ? Y a-t-il eu du tumulte, du mouvement, dans l'assemblée ? Pour moi, j'ai toujours eu la consolation de voir les fidèles réciter ces pseaumes avec un esprit de recueillement, avec cette attention, cette confiance que donne une prière faite avec intelligence, animée d'une foi vive et agissante par la charité..... Mais nos censeurs devraient au moins être conséquens : puisqu'il est si avantageux de ne pas entendre ce qu'on dit quand on parle à Dieu, pourquoi ne pas faire jouir les fidèles de ces avantages en leur faisant les annonces, au prône, et instruction, en latin?... Mais, y a-t-il plus de singularité à réciter en français les pseaumes 122 et 129, et l'oraison dominicale, qu'à lire en français l'épitre et l'évangile du dimanche ? Oh ! répondent nos judicieux censeurs, on lit l'épitre et l'évangile en français, afin que les fidèles l'entendent ; et, je leur réponds à mon tour : vous voulez qu'on récite les pseaumes en latin, afin que les fidèles n'entendent pas ce qu'ils disent ! de quel côté est la singularité ? vous me permettrez de vous dire, de quel côté est l'inconséquence, pour ne rien dire de plus ? Parmi les fidèles, les uns savent lire, et ont le précieux avantage d'avoir des traductions ; la récitation des pseaumes latins leur est donc parfaitement inutile ; à plus forte raison l'est-elle à ceux qui ne savent pas lire : ainsi la lecture des prières du prône en latin est uniquement pour le prôneur. Est-ce donc-là l'esprit de l'Eglise ? Quoi ! l'Eglise veut que ceux de ses enfans qui ne savent pas lire soient astreints à réciter des prières auxquelles ils n'entendent absolument rien ! Eh ! MM. les censeurs, vous avez bien mauvaise idée de l'épouse de J. C. Mais ces fidèles qui ne savent pas lire, qui ne savent pas le latin, vous les comptez donc pour rien ! Ces prières que vous leur récitez en langue inconnue, sont une espèce de préparation à l'auguste sacrifice qui va s'offrir : comment ces infortunés à qui tout manque, en fait d'instruction, entreront-ils dans l'esprit du sacrifice, quand vous leur ôtez le moyen le plus sûr et le plus infaillible d'en faire des adorateurs en esprit et en vérité, en leur parlant et en leur faisant parler un langage qu'ils entendent !

Je passe à l'*administration des sacremens en français* On ne me contestera pas, je pense, que la vertu des paroles sacramentelles n'est point attaché à l'idiôme. Que je dise, je te baptise, *ego te baptiso*; *ego te absolvo*, je t'absous, en grec, en latin, en français, en allemand, le dialecte est indifférent. Le rituel de Paris veut même que l'on baptise en français, si celui qui baptise ne sait pas le latin. Les paroles ne sont que l'expression de la foi : la foi est saine, lorsque les paroles expriment ce que l'Eglise croit et enseigne : la discipline est entière, lorsque je fais ce que l'Eglise prescrit de faire pour la validité des sacremens. Ainsi, point de doute sur ces principes : ils sont appuyés sur la lumière de la raison, et sur l'autorité de la révélation. Il s'agit, dans l'administration des sacremens, de l'intérêt commun, de la sanctification des fidèles : il faut, à celui qui les reçoit, une intelligence actuelle et particulière, pour accéder, de cœur et d'esprit, à l'acte d'administration des sacremens. Les sacremens sont pour les fidèles : il est dans l'esprit de l'Eglise, il est de sa tendresse et de sa charité, qu'ils leur soient administrés d'une manière qui leur soit utile et profitable. Quel profit peut retirer une créature raisonnable, d'une opération mystérieuse, faite dans un jargon auquel elle ne comprend rien, absolument rien ?

Prenons pour exemple les sacremens d'Extrême-Onction et de Pénitence. Je vous suppose auprès d'un moribond, à qui la nature de sa maladie laisse le libre usage de sa tête, de sa raison, de sa foi : dans ce moment terrible où la nature touche de près à sa dissolution ; comment la foi du malade s'affermira-t-elle ? comment sa raison pourra-t-elle se rassurer ? quelle consolation trouvera-t-il, quand ses oreilles seront frappées par des sons insignifians, qui ne porteront dans son ame que le trouble et l'incertitude? Quelle confiance peut-il prendre dans des prières faites dans un langage qu'il n'entend pas ? Ne doit-il pas prendre le prêtre pour un charlatan qui se joue de son ministère, et qui abuse de la crédulité du malade ? Mais que ce ministre, docile à la voix de la raison, s'élève au-dessus de ses préjugés ; que, sans égard aux clameurs, il prenne sur lui de faire cette administration en langue fançaise, quelle différence il trouvera dans les sentimens du malade ! quelle onction ! quelle douceur ! quel calme il portera dans son cœur ! Quelle édification ! quelle consolation ! quelle instruction pour les assistans, unis avec le prêtre, de sentiment et d'affection ! avec quel empressement, ayant leur livre à la main, ils demanderont, d'une même bouche, d'un même cœur, d'un même esprit d'union et de charité, au Père de N. S. J. C., de venir au secours de cet infirme !

J'aurais une bien faible idée de la raison et de la foi de quiconque résisterait à l'impression salutaire que doit exciter cette pratique dans un prêtre animé de zèle pour le salut des ames.

Quant au sacrement de Pénitence, il n'est point de confesseur qui ne convienne de bonne foi, que le grand nombre des pénitens ne savent ce qu'ils disent, quand ils récitent le *confiteor* en latin ; encore moins comprennent-ils ce que le prêtre leur dit, quand il leur donne d'abord la bénédiction, ensuite l'absolution. Un homme un peu attentif, et qui sait son devoir, ne peut que gémir de la manière dont les choses se passent dans le confessionnal. Quand le pénitent a dit : *benedic mihi pater, quia peccavi*, qu'a-t-il compris ? Quelle idée a-t-il attachée à la demande qu'il a faite dans une langue qu'il n'entend pas ? Et qu'a-t-il entendu, et qu'a-t-il pu entendre, lorsque le prêtre lui a répondu, dans la même langue qui lui est inconnue : *Deus sit in corde tuo et in labiis tuis, ut vere et contrito corde confiteatis omnia peccata tua.* Que le prêtre oblige le pénitent à dire : *mon père, bénissez-moi, parce que j'ai péché*, le pénitent, si borné qu'il puisse être, saura ce qu'il demande. Que le confesseur dise au pénitent : Que *Dieu soit dans votre cœur et sur vos lèvres, afin que vous confessiez vos péchés avec sincérité, avec un cœur contrit, et un esprit humilié*, le pénitent comprendra ce que lui dira le prêtre. Il en est de même quant à l'absolution. Que comprend, et que peut comprendre le pénitent, lorsque le prêtre lui dit, en latin, que très-certainement le très-grand nombre n'entend pas: *Dominus noster Jesus Christus te absolvat, et ego autoritate ipsius absolvo te a peccatis tuis.* J'invoque ici le témoignage des confesseurs, et j'ai la confiance qu'ils ne me démentiront pas, combien de fois ne leur est-il pas arrivé qu'après avoir donné l'absolution, la plûpart des pénitens leur ont souvent demandé, si véritablement il les ont absous! Quelle idée se peuvent former les pénitens de cet acte sublime, qui, supposé les dispositions requises, les rend justes de pécheurs qu'ils étaient; les rétablit dans les droits d'enfans de Dieu, en brisant les liens du péché qui les retenait sous le joug humiliant du démon! mais que le confesseur dise, d'une voix intelligible, avec le ton d'autorité qui lui convient en sa qualité de juge: *que N. S. Jésus-Christ vous absolve; et moi, en vertu de l'autorité qu'il m'a communiquée, tout indigne que j'en suis, je vous absous de vos péchés.* Quel est le pénitent, dont les oreilles frappées de ces paroles salutaires, ne sentit tout le prix du bienfait inestimable qu'on vient de lui accorder? Quel recueillement! quelle profonde humilité! quels sentimens de reconnaissance et d'actions de graces envers Dieu! J'ai eu la consolation de trouver dans ceux à qui j'ai conféré le sacrement de la Réconciliation en langue française, qu'ils avaient la certitude d'avoir entendu l'arrêt de leur justification. Tout transportés d'une sainte joie, ils bénissaient le souverain pasteur des ames, d'avoir donné aux hommes le pouvoir de remettre les péchés. Un criminel qui, par la nature et l'énormité de ses crimes, s'attend à une condamnation capitale, peut-il bien se rassurer, si le juge prononce l'arrêt de sa mise en liberté en langue inconnue ? A coup sûr, le criminel en croit plutôt à ses oreilles, qu'à ses yeux. Quelle incertitude, qu'elle perplexité n'éprouve-t-il pas jusqu'à ce qu'on lui ait appris, en langue connue, qu'il est déclaré innocent ! De quoi s'agit-il dans le tribunal de la Pénitence? Le pécheur est digne de la peine éternelle, et on lui prononce, en des termes qu'il ne comprend pas, l'arrêt qui le rétablit dans les droits à l'héritage éternel. Peut-il se livrer à la joie ? Que lui avez-vous dit ? Des sons insignifians ont frappé ses oreilles : mais que signifie ce langage mystérieux, ce langage barbare pour lui ? Eh ! que n'imitez-vous le langage du divin Sauveur ! S'expliqu'a-t-il en termes inconnus, au paralytique, lorsqu'il lui dit : mon fils, ayez confiance, vos péchés vous sont remis. Jésus-Christ parlait-il un langage inconnu aux assistans ? Mais les Scribes qui, dans cette circonstance, crièrent au blasphême, sont une preuve incontestable que J. C. parlait le langage commun à tous ceux qui étaient présens. Le peuple sur-tout, s'il n'eût entendu ce que disait le sauveur, aurait-il rendu gloire à Dieu, d'avoir donné un tel pouvoir aux hommes, celui de remettre les péchés ?

Mais, nous dit-on avec le ton avantageux, il ne convient point à un Curé particulier, de faire de pareilles innovations ; c'est mépriser l'autorité. Je proteste ici de tout mon respect pour l'autorité, et je défie qui que ce soit de le porter plus loin : mais, de quelle autorité veut-on parler ? Il en est une infiniment respectable, et qu'on s'obstine à méconnaître : la nécessité et l'utilité ; la loi suprême, le salut du peuple. Le retour à l'usage primitif n'emporte point une innovation. Qu'il soit utile, et même nécessaire, de savoir ce qu'on dit, quand on parle à Dieu ; qu'il soit utile, et très-utile, et même indispensable, de savoir ce qu'on nous dit, quand on nous parle de Dieu et en son nom, il n'est qu'un homme irréfléchi, et qui ne veut pas faire usage de sa raison, qui puisse le révoquer en doute. Quand l'esprit de sagesse qui anime et qui conduit l'Eglise, quand la tendresse éclairée de cette mère commune ne l'exigerait pas, le seul gros bon sens en fait un devoir. On n'est pas recevable à dire qu'il suffit que les pasteurs et les prêtres aient l'intelligence des choses qui se disent : ce serait démentir trop formellement et trop littéralement le texte de l'Apôtre. *Comment le peuple répondra-t-il* amen *, à la fin de l action de graces, s'il n'entend ce que vous dites !*

On nous apprend à connaître Dieu, les principaux mystères de la Religion, l'Unité de Dieu, la Trinité des personnes, l'Incarnation du Verbe, la Rédemption du genre-humain, etc., et on emploie pour cela l'usage des langues vulgaires : s'agit-il d'adorer Dieu, de chanter ses louanges en commun et en public, de lui rendre l'hommage, le seul qu'il mérite, le seul qu'il exige du cœur, on nous impose la loi de le faire en une langue étrangère, inconnue, inintelligible, et on se contente du culte des lèvres : car, sans doute, on ne prétend pas qu'en nous faisant parler à Dieu en une langue inintelligible, sans savoir absolument ce que nous lui disons, l'esprit et le cœur soient de la partie. Quoi ! il suffira, pour adorer Dieu, chanter ses louanges en commun et en public ; il suffira que les prêtres sachent ce qu'ils disent, sans que les assistans y prennent d'autre part que celles qu'y prennent les statues qui décorent nos temples! Oh! quelle idée on nous donne de Dieu, qui est esprit et vérité, et qui veut être adoré en esprit et en vérité! Mais prétendre qu'on adore Dieu en esprit et en vérité, quand on lui parle sans savoir, sans entendre ce qu'on lui dit, c'est une de ces conceptions sublimes et si extraordinaires, que le commun des hommes ne saurait y atteindre. L'estimable auteur du nouveau *calendrier liturgique*, quoiqu'éloigné d'admettre l'usage des langues vulgaires dans la liturgie (à moins qu'il n'ait changé à cet égard, comme on fait plusieurs, après la lecture des ouvrages publiés sur ce point), ne partage cependant pas l'opinion de parler à Dieu sans savoir ce qu'on dit. Voici comme il s'explique : « Toutes les parties du culte public doivent être telles dans l'intention de l'Eglise, qu'elles fassent passer, par le moyen des sens, dans l'ame de tous ceux qui y participent, les lumières de l'instruction chrétienne, et tous les sentimens d'une véritable piété; mais comment des sons insignifians feront-ils passer dans l'ame les sentimens de la véritable piété, et les lumières de l'instruction? » Cet aveu de l'auteur est un aveu bien précieux pour la vérité que nous défendons.

Le septième principe liturgique du concile national, de 1797, avait déja dit, avant cet auteur, que « la liturgie doit, autant qu'il est possible, associer l'intelligence des fidèles au sens des prières et des cérémonies». Mais cette vérité, dont on convient assez volontiers dans la théorie, personne ne la suit dans la pratique : au contraire, chacun semble vouloir appuyer, par se conduite, ce que l'abbé Grimaud, chanoine de l'église métropolitaine de Bordeau, dit, dans sa *liturgie sacrée*, que quand il ne s'agit que de louer Dieu, il n'est pas nécessaire de savoir ce qu'on dit; qu'il suffit que Dieu l'entende (*). L'usage d'exclure la langue vulgaire, du service divin, est une circoncision que la plûpart des ecclésiastiques croient encore aujourd'hui nécessaire pour être sauvé : et il ne se trouve pas de Paul ni de Barnabé qui ait le courage de s'élever fortement contre les judaïsans qui enseignent cette docrine aux frères; ni de Pierre assez zélé, assez charitable, assez désintéressé, assez éloigné de tout esprit de domination, pour proposer à ses collègues de déçharger les disciples d'un joug que ni nous, ni nos pères, n'avons pu porter qu'à notre préjudice. Le judicieux Fleuri, cinquième *discours*, n°. 4, dit qu'au treizième siècle, «on n'était pas encore revenu

(*) La fin des saints offices ecclésiastiques n'est pas pour instruire ou pour enseigner ceux qui les disent, ou qui les entendent. Ils sont ordonnés précisément pour louer les grandeurs de Dieu, dans sa sagesse, dans sa bonté, dans sa puissance, ou dans d'autres titres infinis qui rejaillissent des perfections de son essence : comme ils sont aussi établis pour le prier et lui demander nos nécessités, ou pour lui rendre des actions de graces de tous ses bienfaits. Et qu'importe-t-il, à cet effet, qu'ils soient en hébreu, en grec ou en latin ? Qu'ils soient entendus ou non de celui qui les prononce, ou qui les écoute, n'auront-ils pas, non obstant cela, les mêmes effets et la même force ? Dieu n'en a-t-il pas l'intelligence, en quelque langage qu'ils soient exprimés, lui *qui sonde même les cœurs et les reins*, dit le psalmiste ? Et étant celui à qui ils sont directement adressés, ne suffit-il pas qu'il les entende ? (La liturg. sac. par messire Gilbert Grimaud, doct. de la Faculté de Paris, et chan. de l'égl. métrop. de Bordeau, tom. 1, chap. 12, n°. 6, édit. *in*-16, de 1678).

de l'erreur des savans du neuvième siècle, qui, voulant embrasser toutes les études, n'étudiaient rien exactement. Qu'on supposait toujours que, pour être admis aux leçons de théologie, il fallait avoir appris les arts libéraux, c'est-à-dire, au moins la grammaire, la logique, la réthorique, et les autres parties de la philosophie.... La vraie science ecclésiastique, continue-t-il, n'a pas besoin de tous ces préliminaires : l'antiquité ne les demandait pas aux évêques mêmes ; et S. Augustin en cite un de son voisinage, qui n'avait point étudié les lettres, et qu'il estimait toute-fois si bon théologien, qu'il lui envoya le donatiste Proculien, pour être confondu (Aug. ép 34, al. 168). C'est, ajoute M. Fleuri, que ce bon évêque ne laissait pas de s'être suffisamment instruit, par la méditation continuelle de l'Ecriture-Sainte et la lecture des auteurs ecclétiques qui avaient écrit en latin, sa langue naturelle ». Mais si l'antiquité n'exigeait pas ces préliminaires des évêques même, ni qu'ils entendissent des langues que le commun des fidèles n'entendait pas, telles que les langues grecque et hébraïque, dont la connaissance est cependant d'un si grand secours pour l'intelligence du texte inspiré, de l'*ancien* et du *nouveau testament*, elle exigeait encore bien moins qu'ils exerçassent leur ministère en quelques-unes de ces langues inintelligibles au commun des fidèles : elle leur faisait, au contraire, un devoir de l'exercer dans la langue la plus généralement entendue de tous : persuadée, non-seulement que toutes les parties du culte devaient être, mais voulant aussi plus efficacement qu'on ne le veut aujourd'hui, qu'elles fussent telles qu'elles pussent faire passer, par le moyen des sens, dans l'ame de tous ceux qui y participaient, les lumières de l'instruction chrétienne, et tous les sentimens d'une véritable piété : et si, comme on en convient volontiers, telle a toujours été, telle est encore aujourd'hui, et telle sera toujours l'*intention* de l'Eglise, on doit donc convenir également que ceux qui s'opposent à l'usage de l'unique moyen propre à produire cet effet, pour continuer l'usage d'un moyen incapable de le produire, tiennent une conduite diamétralement opposée à l'intention de l'Eglise; car enfin le chant des offices est une des parties du culte ; or, il est impossible que cette partie du culte, exécutée en langue inintelligible à ceux qui y participent, fasse passer dans leur ame, ni les lumières de l'instruction chrétienne, ni les sentimens d'une véritable piété. On ne peut donc rendre cette partie du culte telle qu'elle doit être, qu'en l'exécutant en langue intelligible à tous ceux qui y participent.

Mais revenons à l'autorité qu'on nous inculpe si fortement de mépriser. Quelle est la loi qui lui sert de base? Cette autorité, dont on fait tant de cas, n'a d'autre fondement que l'usage, que la routine, que la coutume. Mais, dit S. Cyprien, une coutume qui n'a point la vérité pour guide et pour principe, n'est qu'une ancienne erreur : et la raison dit qu'il n'y a pas à balancer : l'on doit quitter l'usage erroné, quelque ancien qu'il soit, pour ne s'attacher qu'à ce qui est bon, et nullement vicieux. On ne dira certainement pas que l'usage de parler à Dieu sans savoir ce qu'on dit, soit une bonne pratique : mais une mauvaise pratique, quelque nom qu'on lui donne, doit être estimée une erreur. Jésus-Christ, l'auteur de la religion, le consommateur de la foi, dit Tertullien, s'est nommé la vérité, et non la coutume: il est donc dans son esprit, que, dans les hommages qu'on lui rend, on se conduise par la vérité, et non par la coutume. On ne me contestera pas, j'espère, ce que l'expérience confirme jusqu'à la démonstration : que l'usage des langues vulgaires, et en particulier celui de la langue française dans la liturgie et dans l'administration des sacremens, est infiniment utile, soit pour l'instruction, soit pour l'édification ; et que, par une conséquence nécessaire, il n'est nullement vicieux. C'est un fait incontestable, que la Religion a gagné beaucoup par l'étude des langues vulgaires, puisque ces langues vulgaires ont été le véhicule par lequel elle s'est propagée ; et c'est encore par elles qu'elle s'établit dans les régions lointaines. Ne les fait-on pas apprendre, ces langues, aux missionnaires qui vont planter l'arbre de la croix, et annoncer l'évangile chez les nations plongées dans les ténèbres de l'infidélité et de l'idolâtrie ? Quels succès pourraient se promettre ces missionnaires, à la Chine, au Japon, s'ils annonçaient J. C. en langue inconnue aux Japonois, aux Chinois ? Par quel étrange renversement arrive-t-il donc que l'usage des langues vulgaires soit si utile et même nécessaire pour la connaissance et la propagation de la Religion, et qu'il devienne inutile, nuisible et dangereux dans les exercices publics de cette même Religion ? Je ne connais point de formule propre à parvenir à la solution de ce problême : je n'y trouve qu'une contradiction manifeste : être utile, avantageux, nécessaire ; être inutile, nuisible, dangereux : quoi de plus contraire ? Contradiction déshonorante pour la raisou, comme elle est infiniment préjudiciable à la Religion. Et quelle en est la cause ? la force des préjugés, un faux respect, un respect mal entendu pour un intervalle de cinq ou six siècles, pour l'usage, pour la routine, tandis qu'on ne rougit pas de mépriser la plus vénérable antiquité ; antiquité qui remonte jusqu'au temps des apôtres, et consacrée par l'exemple de J. C. même.

Que l'on compare tous les peuples chez qui les ministres de l'évangile ont porté le flambeau de le foi, en prêchant, et célébrant le culte dans la langue vulgaire de chacun d'eux, avec les peuples dont nous venons de parler ; et tant d'autres chez qui les missionnaires se sont contentés de prêcher en leur langue vulgaire, et n'ont célébré le culte qu'en langue à eux inconnue, et l'on trouvera que chez les premiers la conversion a été prompte et générale ; et que chez les derniers, elle a été si lente et si resserrée, qu'après plusieurs siècles de travaux, le gros de chacun de ces peuples est encore idolâtre. D'où peut venir, moralement parlant, une si prodigieuse différence de succès, sinon de la différence de conduite ; sinon parce que, chez ces derniers, on a négligé de faire usage de l'art merveilleux qu'a enseigné et prescrit à son Eglise le divin enchanteur, le plus habile dans l'art d'enchanter. David veut qu'on chante sagement les louanges de Dieu ; et, par le chant en langue inconnue, on ne sait ce qu'on dit. S. Jacques veut que celui qui est dans la joie, la sanctifie et la rende toute spirituelle par le chant des saints cantiques ; et le chant en langue inconnue ne peut faire éprouver qu'une joie toute sensuelle et toute charnelle. S. Paul veut qu'on s'instruise, qu'on s'exhorte et qu'on s'édifie les uns les autres, par le chant des pseaumes, des hymnes et des cantiques spirituels ; et ce chant en langue inconnue n'instruit, n'exhorte et n'édifie personne. Dans l'avertissement que l'évêque donne aux ordinans, il dit à ceux qui vont être promus à l'office de lecteur : Etudiez-vous à proférer les paroles de Dieu et les leçons sacrées, d'une manière claire et distincte, afin que les fidèles, les comprenant, puissent en retirer de l'édification ; et les lecteurs ne les profèrent qu'en une langue inconnue aux fidèles ; et l'évêque, qui leur donne cet avis, ne prétend pas qu'ils les profèrent autrement : n'est-ce pas là une vraie dérision ? Dans toutes les églises qui suivent les usages de Paris, le jour de l'Epiphanie, le diacre, après avoir chanté l'évangile, se tourne à l'orient, éleve la voix pour avertir les fidèles du jour qu'on doit célébrer la fête de Pâques ; et il les en avertit en latin, qu'ils n'entendent pas. C'est encore-là une vraie dérision. N'est-ce pas comme s'il ne leur avait rien dit ?

Mais, nous replique-t-on d'un ton impérieux, l'Eglise défend l'usage des langues vulgaires dans ses offices publics, dans l'administration des sacremens. L'Eglise le défend ! dites plutôt le Clergé, qui se met à la place de l'Eglise, et qui n'est pas l'Eglise. Ne faites pas cette injure à l'Eglise ; elle tolère des abus, souvent même des erreurs, qu'elle désapprouve. L'Eglise défend l'usage des langues vulgaires dans sa liturgie ! je prie nos censeurs de nous citer, à cet égard, un décret, un canon quelconque, qui me prescrive de faire mes fonctions en langue inconnue, inintelligible. Il est vrai qu'en priant en public, et chantant les louanges de Dieu en français, en administrant les sacremens en français, je me soustrais au tyrannique empire de la routine ; mais, en cela, je ne fais qu'écouter avec docilité la voix de la raison. D'après l'avis de S. Paul, je prends le seul moyen, le moyen infaillible, de rendre à Dieu un culte raisonnable et spirituel, *rationabile obsequium*. Et quoi de plus raisonnable que d'employer, dans mes prières, dans mes fonctions, une langue que j'entende, et qui soit entendue de ceux qui sont l'objet et le sujet de mes fonctions ! Encore une fois, on nous accuse de mépriser l'autorité : mais, encore une fois, cette autorité n'a d'autre origine que l'usage introduit par l'ignorance qui a constamment déshonoré l'Eglise, au moins depuis le treizième siècle : usage involontaire et forcé, comme le prouve, avec la dernière évidence, l'auteur de la *Dissertation* sur la célébration du service divin en langue vulgaire, et de la *Réclamation* des fidèles qui désirent le service divin en langue vulgaire, contre l'*Avis motivé*, etc., deux ouvrages qu'il est à propos de lire avant ce que nous disons ici sur cette matière, pour les completter (*). En effet, si

(*) M. Brugière se chargea de revoir les épreuves de ce dernier ouvrage, et donna au premier l'*approbation* que voici :

J'ai lu, avec une entière satisfaction, la *Dissertation sur l'office divin en langue vulgaire*. J'admire et j'adore, dans le plus respectueux silence, les desseins de la Providence sur l'Eglise Gallicane, d'avoir inspiré à un pieux et vertueux laïc, le courage de présenter au public un projet digne des beaux siècles de l'Eglise, sur-tout dans ces tristes momens d'obscurité et de défection, presque totales. J'ai la confiance que, sensible à nos maux, Dieu répendra sa bé-

au-lieu

au-lieu que le latin a cessé peu-à-peu d'être vulgaire, et que les différentes langues qui y ont succédé ne se sont aussi perfectionnées que peu-à-peu, Dieu avait opéré, au neuvième siècle, un prodige semblable à celui qu'il opéra, à la tour de Babel; que le latin eût cessé tout à-coup d'être vulgaire dans tout l'occident, à l'exception d'un très-petit nombre d'hommes qui en auraient conservé la connaissance, et que, le lendemain, il eût été remplacé par différentes langues, telles que sont actuellement les langues italienne, française, espagnole, anglaise, etc., qu'auraient fait alors les fidèles qui, jusques-là, avaient eu l'intelligence du service divin? Vivement

---

nédiction sur une entreprise qui est son ouvrage, et que nous aurons le bonheur et la consolation de voir établir, de nos jours, une reforme si désirable et si utile dans l'exercice de notre liturgie, autant pour l'édification des vrais fidèles, l'instruction des ignorans, dont le nombre est si grand parmi nous; que pour accélérer le retour de nos frères errans, de tant de chrétiens indifférens, insensibles; de tant d'impies, qui ne blasphèment, qui ne négligent les pratiques de notre sainte religion, que parce qu'on en fait l'exercice public en une langue étrangère qu'ils n'entendent pas, et qu'ils ne comprennent pas. Le vœu ardent que je forme pour le succès d'une entreprise aussi louable n'est point un vœu isolé et solitaire, qui me soit personnel; c'est celui de tous les fidèles éclairés de ma paroisse: ce fut celui du concile national, dont j'eus l'honneur d'être un des membres: il a manifesté l'intention la plus formelle à cet égard. Je rapporte avec plaisir le septième principe liturgique qu'il a consacré dans ses décrets. « La liturgie doit, autant qu'il est possible, associer l'intelligence des fidèles au sens des prières et des cérémonies ». Et comment remplir des vues si légitimes, en conservant un idiôme étranger, que les fidèles n'entendent pas?

A Paris, le 6 frimaire, l'an 8 de la républ. franç., et de l'ère chrétienne, le 10 décemb. 1799.

Brugière, curé de S.-Paul.

affligés de la perte d'un si précieux avantage, ils se seraient empressés de le réparer en traduisant promptement les divins offices, et les célébrant dans ces nouvelles langues ; et les infortunés Allemands, à qui Grégoire VII, ce Pape plus ambitieux qu'éclairé, avait imposé, cent ans auparavant, l'usage aussi injuste que déraisonnable, de louer Dieu sans savoir ce qu'ils disaient, auraient joui alors du même avantage que Jean VIII accorda aux Esclavons.

Puis donc qu'il faut à nos censeurs des autorités, nous en citerons quelques-unes, entre mille, bien propres à justifier pleinement nos procédés. Nous ne les puisons pas dans les rubriques, dans les rituels : ces sources ne sont pas sûres ; les conciles, les papes, sont d'un bien autre poids. Dès le huitième siècle, on prétendait qu'on ne pouvait prier Dieu qu'en trois langues : en hébreu, en grec et en latin ; on s'autorisait sur l'inscription que Pilate avait fait mettre sur la croix où Jésus-Christ consomma la rédemption des hommes. Les évêques de Germanie, de Gaule et d'Aquitaine, assemblés en concile, à Francfort, par le commandement du roi Charlemagne, firent cinquante-six canons ; le cinquante-un porte expressément, *qu'on peut prier en toute langue, et non pas seulement en trois langues*. Le concile ne distingue pas, si c'est en particulier, ou en public, qu'on peut prier en toute langue : il est donc évident qu'on peut l'un et l'autre en langue vulgaire. Au IXe siècle, Jean VIII décide absolument *que ce n'est pas une chose où il y ait rien d'opposé à la foi et à la saine doctrine, que de chanter la messe, ou les autres heures de l'office, en esclavon*. Il serait à souhaiter, dit le savant Erasme, ce célèbre restaurateur des sciences et belles-lettres en Europe, qui fut toujours si estimé de Léon X, de François I, et d'autres souverains éclairés de son temps, il serait à souhaiter, dit-il, (*modus orandi Deum*, manière de prier Dieu), que tout le culte divin, qui est composé surtout d'hymnes, d'instructions et de prières, fût célébré dans une langue connue à tout le peuple, comme cela avait coutume de se faire autre-fois; et que tout fût prononcé assez clairement et assez distinctement pour être compris par ceux qui y apporteraient de l'attention. Charles IX, roi de France, demanda expressément au concile de Trente, que les sacremens fussent administrés en français; et que, pendant l'office, il y eût un temps marqué pour chanter des pseaumes et des cantiques dans la même langue: *vu*, disait-il, *que l'on connaît, par l'expérience, que beaucoup de personnes sont nourries en grande dévotion, et s'adonnent plus souvent à louer Dieu par l'usage des pseaumes et autres chansons spirituelles* (cantiques), *en langue vulgaire, que par ceux qui sont en langage à eux inconnu*. L'empereur Maximilien forma et exprima pour l'Allemagne le même vœu, demandant que *l'office divin fût célébré dans une langue familière à la multitude*. Au XVIIe siècle, le pape Paul V, ayant appris les fruits des Missionnaires de la Chine, permit de traduire en langue chinoise l'écriture-sainte, la messe et les offices divins, et de les célébrer en cette langue. C'était aux Jésuites, que ce Pape avait accordé cette permission: mais les supérieurs de cette Société, née pour la destruction, et non pour l'édification, ne jugèrent pas à propos qu'on s'en servît. Ce n'est donc pas l'Eglise, ce n'est donc pas le Saint-Siége, ce n'est donc pas le Pape, qui ont empêché qu'on ait donné aux nouveaux chrétiens de la Chine la consolation d'entendre célébrer la messe et les SS. offices en la langue de leur pays. Ce n'est donc pas l'esprit de l'Eglise, qu'on ne célèbre point les divins offices, qu'on n'administre point les sacremens en langue vulgaire. Il est bon de rapporter ici un trait d'histoire, cité dans le cinquième volume de la *perpétuité de la foi*, sur les sacremens, p. 404. « Il est à remarquer qu'en plusieurs diocèses soumis aux Latins, où il y a eu des églises grecques, entr'autres dans l'archevéché de Montréal en Sicile, dans lequel il y a un assez grand nombre de Grecs, dans un synode tenu en 1652, sous le cardinal Montalto, il y a eu une ordonnance qui défend de célébrer l'office de l'Extrême-Onction suivant le rit grec. L'auteur remarque qu'il est difficile d'accorder cette ordonnance avec les brefs des papes Clément VII, Urbain VIII, et de plusieurs anciennes constitutions, qui ont réglé que les Grecs pouvaient librement se servir de leurs offices dans l'administration des sacremens ». N'est-il pas naturel de penser que l'Eglise Gallicane peut, et qu'elle a le droit d'employer, dans l'administration des sacremens, sa langue naturelle ? On ne recusera pas, sans doute, l'autorité du concile de Trente. Voici ce que dit le canon 9 du chapitre 8 de la section 22. Rien de plus précis, de plus formel que le texte, En vertu du décret du sacrifice de la messe ; le concile condamne ceux qui diront que la messe ne doit être célébrée qu'en langue vulgaire : « *Si quis dixerit lingua tantùm vulgari missam celebrari debere, anathema sit.* On ne serait donc coupable, dans l'esprit du concile, qu'en donnant la préférence entière et absolue à toute langue vulgaire, à l'exclusion de toute autre qui ne serait pas vulgaire.. Ainsi nous ne serons pas repréhensibles en disant la messe en français, en laissant à qui le voudra la liberté de la dire en latin, en grec, en hébreu. Mais si, dans l'esprit du concile, on peut licitement dire la messe quelque part en langue vulgaire, on peut donc aussi très-licitement administrer les sacremens en langue vulgaire, en laissant toute liberté de les administrer en toute autre langue, même inconnue.

C'est un fait, que, du temps du concile de Trente, on célébrait, quelque part, la messe et les divins offices en langue vulgaire : la preuve en résulte du chapitre huit, où il est dit que chaque Eglise conservera son usage, et que les fidèles continueront à jouir du bienfait d'un usage conforme à la raison et à leur intérêt. Le pape Pie V, trois ans après la fin du concile, donna une constitution, par laquelle il manifeste que sa volonté est que chaque partie de l'Eglise conserve sa langue naturelle. L'Eglise Gallicane est, sans doute, assez considérable, pour tenir un rang distingué dans l'Eglise catholique, pour avoir dans sa liturgie l'usage de sa langue, comme elle a ses maximes et ses libertés.

Pourquoi ne ferions-nous pas en France, ce qu'on faisait à Rome en 1725, et ce qu'on peut supposer se pratiquer encore aujourd'hui? Des hommes estimables, et dignes de foi, ont attesté que, dans ces temps-là, on ne se contentait pas, à Rome, de célébrer la liturgie et les divins offices, en grec et en latin, mais qu'on célébrait aussi en langue arménienne, cophte et esclavonne : mais si on célèbre en grec à Rome, où est le centre de l'unité catholique, pourquoi ne célébrerions-nous pas, en France, en langue française? Les Grecs ne sont pas schismatiques, parce qu'ils célèbrent en grec, dans la capitale de ce qu'on appelle, si improprement, l'*Eglise Latine* : l'Eglise n'est ni latine, ni grecque, ni arménienne, ni française ; elle est catholique, c'est-à-dire, de tous les lieux, de tous les temps, de toutes les langues. C'est le témoignage d'Origène, écrivant contre Celse : il s'agissait, entr'eux, de prières qui se faisaient dans les assemblées publiques des Chrétiens. Voici précisément de quoi il est question parmi nous. « Les Grecs, disait Origène, se » servent de mots grecs ; les Romains, de ter- » mes romains ; et tous les autres peuples » prient Dieu, et le louent, chacun dans sa » langue. Dieu, ajoute-t-il, est le maître de » toutes les langues : ainsi il exauce ceux qui » le prient en tant de langues diverses, comme » s'ils le faisaient tous dans une seule et même » langue ». De bonne foi, si, du temps d'Origène, les Eglises qui étaient établies en tant de nations différentes, n'avaient eu la liturgie chacune dans leur langue, aurait-il pu dire que tous les peuples différens des Grecs et des Romains, priaient et louaient Dieu, chacun dans sa langue? Origène aurait-il cru pouvoir persuader le philosophe épicurien, en lui tenant un langage contraire à la vérité? Un homme du caractère d'Origène n'était pas capable de blesser la vérité ; et le philosophe épicurien était bien loin d'acquiescer à une fausseté.

Ajoutons à tous ces témoignages celui du Concile national, tenu en 1797. Je vais transcrire les principes liturgiques que le concile a consacrés dans ses décrets ; et que le public juge si nous méritons l'honneur d'être associés aux protestans, pour nous être conformés aux décrets du concile national. Il doit y avoir unité de dessein dans la liturgie ; les cérémonies doivent correspondre aux idées qu'on veut faire naître et aux sentimens qu'on veut inspirer : or, quelles idées peuvent faire naître, quels sentimens peuvent inspirer, des prières faites dans un langage inconnu ?

Dans l'organisation d'un plan liturgique, on ne doit rien innover, qu'autant qu'une utilité évidente y autorise, ou que la nécessité le commande; or, qu'elle utilité plus évidente, que d'entendre ce qu'on dit, quand on fait parler Dieu, quand on parle à Dieu et au nom de Dieu ? Quelle nécessité plus impérieuse, que celle qui exige rigoureusement l'instruction, l'édification des fidèles ? Quel motif plus puissant, que la gloire de Dieu, l'honneur de l'Eglise, le salut de ses enfants ? Et comment instruire et édifier les fidèles, en leur parlant un langage qu'ils n'entendent point ? Comment procurer la gloire de Dieu, l'honneur de l'Eglise, le salut de ses enfants, quand ses enfans ne savent ce qu'ils disent, et qu'ils ignorent complettement ce qu'on leur dit ?

On doit conserver ce qui est d'un usage général dans l'Eglise catholique : on peut donc ne pas conserver ce qui n'est pas d'un usage général. Or, la langue latine n'est pas d'un usage général dans l'Eglise catholique : le catholicisme n'existe-t-il donc que dans cette partie de l'Eglise, qu'on nomme l'Eglise latine ? Es-ce que la partie nommée l'Eglise grecque serait schismatique, parce qu'elle ne fait pas la liturgie en latin ? Ce serait une absurdité qu'il faudrait imputer au concile de Trente ; puisque ce concile a décidé, sans distinction de langues, que chacun retiendrait l'usage qu'il avait pris anciennement.

Les formes essentielles du sacrifice de la messe, et de l'administration des sacremens, ne peuvent subir aucun changement. — Nos censeurs voudront bien convenir que l'idiôme, quel qu'il soit, n'est point une des formes essentielles du sacrifice, et de l'administration des sacremens. On peut donc dire la messe et administrer les sacremens en français, d'après les principes établis par le concile national, sans que l'essence du sacrifice, et du sacrement, soit altérée en aucune manière.

A ce mot, de concile national, la bile de nos Aristarques s'échauffe ; et, dans le délire de leur imagination exaltée, ils ne voient, dans cette assemblée, qu'un ramas obscur de la lie du ci-devant Clergé, *haut* et *bas*, des jureurs, des intrus, des schismatiques, des hérétiques, des protestans déguisés, qui ont juré de détruire l'Eglise catholique, la Religion elle-même... Des injures, des invectives aussi grossières, ne sont propres qu'à inspirer la pitié pour ceux qui se les permettent ; et, sans nous arrêter à réfuter des propos mille fois pulvérisés, nous nous contenterons de dire : Cette Assemblée, que vous affectez de traiter avec tant de mépris, fera une époque mémorable dans les fastes de l'Eglise. Bien différente de ces assemblées périodiques, dites du *contrat*, ou des *comptes*, composées uniquement de procureurs économiques, et qui prétendaient représenter l'Eglise Gallicane, et qui n'étaient pas même les députés du Clergé, cette assemblée est à l'abri de tout reproche; les évêques, qui la composaient, étaient autorisés par l'État à s'assembler; ils étaient députés, non par des administrateurs temporels, mais par l'Église, pour délibérer sur des points de discipline et de doctrine; ils étaient convoqués et assemblés au nom du S. Esprit. Les décrets et les canons qu'elle a prononcés dans ses séances publiques, elle les a puisés dans les sources pures de la plus haute et la plus vénérable antiquité; ils sont le fruit des méditations les plus approfondies; et ils annoncent l'esprit de sagesse qui les a dictés.

Ces évêques n'étaient pas, comme vous le faites répéter par vos échos, des intrus, mais bien de légitimes évêques. Vous devez vous en rapporter à la conduite du Pape à leur égard. Le Pape a-t-il fait consacrer ceux d'entre ces évêques que le Premier Consul a nommés à différens siéges? Ne les a-t-on pas assimilés à leurs prédécesseurs immédiats? N'a-t-on pas exigé leur démission? Mais, s'ils étaient légitimes évêques, assemblés sous l'autorité et la surveillance du Gouvernement, ils ont donc pu faire des décrets et des réglemens de discipline: ces décrets, ces canons, ces réglemens sont donc obligatoires, jusqu'à ce qu'une nouvelle assemblée, légitimement convoquée, canonique dans sa convocation, dans sa tenue, ait aboli ces réglemens, et en ait substitué de plus utiles et de plus conformes à la raison et à la foi. Nous ne sommes donc pas repréhensibles! nous ne sommes donc pas des protestans déguisés, pour nous être conformés aux décrets et canons du concile national de 1797, en administrant les sacremens en français, en récitant les prières du prône en français, en faisant chanter, après l'office public, des pseaumes en français ! Hé ! pourquoi, en récitant les prières du prône en français, serions-nous plus protestans que ne le sont tant d'autres qui les ont aussi récitées de la même manière ? Pourquoi, en administrant les sacremens en français, serions-nous plus protestant que ne l'est M. Boursier, qui a aussi administré le baptême en la même langue, à S. Gervais (*) ? Enfin pourquoi, en faisant chanter des pseaumes, des hymnes et des proses en français, serions-nous plus protestans que ne le sont MM. Hur et Grinne, qui ont aussi fait chanter, à Saint-Nicolas-du-Chardonnet, l'hymne *Statuta* en français, et à chaque strophe, la reprise du *Rorate*, également en français (**) ? Et si, au contraire, ces Messieurs sont bons catholiques, pourquoi ne le serions-nous pas ?

Ce fut la Nation qui, par la voie des électeurs, pourvut au remplacement des évêques et des curés qui avaient abandonné leurs postes ; c'est la Nation qui fait un nouveau remplacement : il ne nous appartient pas d'examiner ses motifs : nous pensons, avec tous les

(*) Nous tenons ce fait du parain, et de la maraine qui lui remit un livre pour cela.

(**) Le jour de la conception de la Ste. Vierge, an XI, on entendit la confrairie du Rosaire, dirigée par M. Grinne, chanter, sur le chant du *rorate* : « Répandez, ô Cieux, votre « rosée, et que les nues pleuvent sur le juste ». Ensuite, sur le chant de *statuta* :

« Le temps prédit à peine expire,
» Que Dieu, fidèle à ses desseins,
» Déjà commence à faire luire
» Ce jour si désiré des Saints ».

bons esprits, que l'amour de l'ordre et de la paix les a inspirés : avec cette différence cependant, que l'Assemblée constituante, cette assemblée si distinguée par les talens supérieurs en tout genre, avait usé du droit inhérent à sa souveraineté, sans requérir la médiation, parfaitement inutile, d'une Puissance étrangère et rivale ; au-lieu que le Gouvernement actuel a réclamé l'intervention du Pape. Les hommes instruits savent bien, en leur ame et conscience, que cette intervention du Pape, pour remplir légitimement les siéges épiscopaux, n'était pas plus nécessaire que l'intervention du Pape pour consolider et affermir la propriété des acquéreurs des biens ecclésiastiques : mais il a été utile, pouvons-nous dire après M. Portalis, *que la voix du chef de l'Eglise pût retentir doucement dans les consciences, et y appaiser les craintes et les inquiétudes*. Cette mesure était devenue nécessaire ; et le bon esprit qui a toujours animé les évêques constitutionnels, les a rendus dociles à la voix de la Religion et de la Patrie (Y). Dès le concile national de 1797, ils avaient offert simultanément la démission de leurs titres ; et ils ont eu la gloire de dévancer, dans ce généreux sacrifice, ceux qu'ils avaient remplacés. Personne n'ignore avec quelle loyauté le Gouvernement a récompensé le dévouement avec lequel ils ont contribué au rétablissement de la paix religieuse, en leur assignant, sur le trésor national, une pension qui eût été trop mesquine pour les évêques du ci-devant clergé, mais qui suffit à ces hommes apostoliques, parce qu'ils savent borner leurs désirs ; et que, conformément à l'esprit du grand Apôtre, ils se contentent du nécessaire :

la vie et l'habit. J'ajoute, par sur-abondance, une raison à laquelle je ne vois pas de réplique. M. l'Archevêque a été instruit de mes procédés, et il ne m'en a pas marqué la moindre peine ; il ne m'a pas fait le moindre reproche : d'ailleurs M. l'Archevêque connaît trop bien les principes et les règles : son autorité est subordonnée à celle du concile. Ce qu'a fait le concile, ce qu'il a prescrit, doit être fidèlement observé, jusqu'à ce qu'un autre concile national ait réformé les décrets et les canons du concile de 1797. J'invoque ici les articles organiques de la convention, du 26 messidor an 9. Le titre III du *culte*, art. 39, porte : « Il n'y aura qu'une liturgie et un catéchisme pour toutes les Eglises catholiques de France ». Cet article organique n'est que l'expression du décret du concile, qui ordonne la rédaction d'un rituel uniforme pour l'Eglise Gallicane. Les choses resteront donc *in statu quo*, jusqu'à ce que la nouvelle liturgie paraisse. J'ai la confiance que le Gouvernement prendra toutes les mesures possibles pour détruire et abolir les abus innombrables que l'ignorance et la superstition ont introduites dans le culte ; qu'il pesera, dans sa sagesse, les puissantes raisons qui sollicitent le retour à l'ancien usage primitif des langues vulgaires dans l'exercice du culte public. Ce culte ne doit pas seulement parler aux sens, mais à la raison, mais à l'esprit, mais au cœur. Ce serait manquer ce but si précieux et si essentiel, que de restreindre la liturgie à un idiôme que les quatre-vingt-dix-neuf centièmes n'entendent pas, et que très-souvent le plus grand nombre des ministres du culte n'entendent pas eux-mêmes. Qu'on ne s'imagine pas que j'avance un paradoxe ou une absurdité, ou que je cherche à flagorner le Gouvernement en réclamant son autorité, pour l'admission de la langue française dans la liturgie. Quoique le culte public s'exerce sous la direction particulière des évêques, il n'est pas indépendant de la jurisdiction du magistrat politique. Les hommes instruits connaissent les ordonnances de nos Rois, concernant l'ordre des offices divins, de l'administration des sacremens. Les magistrats sont en droit de connaître des changemens qu'on fait aux prières et aux rits qui sont en usage ; parce qu'en qualité de chefs de la société civile, ils doivent connaître de tout ce qui peut la troubler, et altérer la paix et l'union qui souffre ordinairement des changemens que l'on fait dans les usages religieux. Parmi les exemples que nous fournit l'Histoire, nous pouvons citer celui d'un évêque d'Angers, qui, en 1603, voulut, de son autorité, changer les breviaires et missels à l'usage de son diocèse, et y substituer celui du concile de Trente. Sur les plaintes du Chapitre, intervint un arrêt du Parlement, qui fit défense à l'évêque d'innover aucune chose en l'exercice et célébration de l'office divin aux églises de son diocèse, sans l'autorité du Roi. Que de preuves historiques je pourrais ramasser ici, pour faire voir de quelle importance il est que le magistrat ait les yeux ouverrs sur la forme extérieure et sur l'objet de la prière publique. Il faut, sans doute, des prières publiques ; mais il y a mille façons de remplir ce devoir ; et le Souverain a droit d'adopter celles qui lui conviennent, et de proscrire celles qui ne lui conviennent pas. A combien de troubles, à combien de séditions n'ont pas donné naissance certaines formules introduites par les ennemis de la paix ! Combien de fois n'a-t-on pas entendu nos églises retentir, même de nos jours, de vœux criminels (*) ? Je ne dois pas passer sous silence un fait qui vient, fort à propos, à l'appui de ce que j'avance, que le magistrat doit avoir les yeux ouverts sur la forme extérieure et sur l'objet de la prière publique. La voie des journaux nous a fait connaître la lettre de M. Portalis, dans laquelle il ordonne le cérémonial à observer pour la reception du Premier Consul dans les villes de la Belgique, où il s'est rendu. M. Portalis convient qu'il a fait des modifications dans les prières qui sont dans le pontifical ; il envoie celles qui doivent être chantées par les évêques, et ne leur laisse ni

(*) Il y avait autrefois, contre le précepte de J. C., dans un missel espagnol, une messe intitulée : « Pour demander la mort d'un ennemi ». Ledesma, jésuite de cette nation, dit qu'il n'est pas à propos que le service divin se célèbre en langue vulgaire ; parce que, selon lui, on y fait quelquefois des prières contre les oppresseurs de l'Eglise et contre les tyrans. Or, les jésuites tenaient pour oppresseurs de l'Eglise, et pour tyrans, tous les princes qui ne leur plaisaient pas ; et, d'après les moyens qu'ils prenaient, leurs prières criminelles n'étaient pas sans effet. Delà venait le proverbe en usage, à Rome, de leur temps : « Les jésuites récitent leurs litanies, le S. Siége sera bientôt vacant ». Cette prétention de Ledesma, dont la pratique ne convient qu'à lui et à ses confrères, est une calomnie contre l'Eglise ; cette prétention n'est pas moins opposée à la conduite de l'Eglise, qu'à l'exemple de J. C., qui a prié pour ses bourreaux, et qui nous ordonne de prier pour ceux qui nous persécutent et qui nous calomnient. C'est pour nous engager à l'accomplissement de ce précepte, que S. Paul, du temps de Néron, recommandait à tous les fidèles, de faire des prières et des supplications pour les rois, pour les princes et pour toutes les personnes constituées en dignité ; afin, dit il, que nous puissions mener une vie paisible et tranquille.

le choix des vœux qu'ils doivent adresser au Ciel, ni les expressions qui doivent rendre ces vœux ; et, à coup sûr, MM. les Evêques se sont fait un devoir de s'y conformer.

Par un arrêté du 25 prairial an XI, les actes publics dans les départemens de la ci-devant Belgique, dans ceux de la rive gauche du Rhin, dans ceux du Piémont, et dans les autres où l'usage de dresser lesdits actes dans la langue de ces pays serait maintenu, devront tous être écrits en langue française. Les officiers publics, dans les pays énoncés au présent article, pourront néanmoins écrire, à mi-marge de la minutte française, la traduction en l'idiôme du pays, lorsqu'ils en seront requis par les parties. Les actes sous seing-privé pourront, dans ces départemens, être écrits en l'idiôme du pays, à la charge par les parties qui présenterout ces actes à l'enregistrement, d'y joindre, à leurs frais, une traduction française desdits actes, certifiée par un traducteur juré.

Tout le monde sait qu'autrefois, en France comme en Allemagne, et dans les Pays-Bas, les actes publics, même ceux de baptême, de mariage, et de sépulture, étaient écrits en latin ; il fut ordonné que ces actes désormais seraient écrits en français. Ainsi le Gouvernement ne fait qu'appliquer aux nouveaux départemens réunis de la Belgique, de la rive gauche du Rhin, du Piémont, une loi existante depuis quelques siècles. Le Gouvernement ne prend pas moins d'intérêt au bien spirituel des Français, sur-tout dans ces momens où on ne parle que du rétablissement de la Religion. Il est donc de sa sagesse d'ordonner que désormais la liturgie soit uniforme dans toute la République, et que l'on n'y emploie que la langue nationale. Ce fut le vœu de la Nation, manifesté aux Etats généraux par un grand nombre de fidèles, qui, dans leurs cayers, demandaient expressément le rétablissement de la langue vulgaire dans le culte public : des adresses, des pétitions sans nombre à l'Assemblée constituante, manifestaient le même desir. Le Gouvernement lui-même invita tous les pasteurs, en 1792, à répondre au desir de tant de fidèles. Cette invitation, que j'appellerais un ordre, fut notifiée à toute la France par une lettre du ministre Rolland, en date du 6 novembre 1792, première année de la République, imprimée et affichée pour en constater l'authenticité.

M. Bancal, membre du conseil des Cinq-cents, dans son ouvrage intitulé : *Du nouvel ordre social fondé sur la Religion*, publié en vendémiaire an V, après avoir dit que nous devons remercier Dieu de nous avoir conservé le lien sacré de la Religion, sans lequel il n'y a ni liberté, ni paix, ni repos, ni justice, ni ordre, ni bonheur à espérer parmi les hommes, ajoute : « les saints offices de la Religion qui ont le caractère sublime et touchant de la divinité..., qui sont célébrés et prononcés en latin, rendent la parole de Dieu inintelligible au peuple. Je pense que tout ce qui intéresse la Religion devrait être présenté de manière à produire des fruits utiles : et les vérités sacrées ne peuvent germer et remplir la fin que Dieu a eu en nous les révélant, si elles ne sont profondément gravées dans nos cœurs par une lecture et une méditation intelligibles, uniformes, habituelles et très-souvent répétées.... C'est un devoir des prêtres.... qui ferait

ferait jouir le peuple de toutes les consolations de la Religion. Je crois pouvoir assurer que ce seul changement changerait, en mieux, les mœurs du Peuple Français. Toute autre instruction morale est inutile à chercher, puisque toute la morale qui existe, dérive des vérités sacrées. Ce serait une grande erreur, de penser qu'il peut y avoir une morale indépendante de l'Ecriture-Sainte.... Que les prêtres, qui ont le caractère de sainteté, autorisés par l'Eglise, nous disent la messe et les offices en français; qu'ils nous instruisent de notre Religion, bien séparée de tout ce qui regarde cette vie, et le législateur n'a rien à faire sur l'éducation, quant à la morale ». Un changement capable de produire d'aussi heureux effets sur les mœurs publiques, sans rien coûter à l'Etat; un changement sans lequel le culte lui-même est nul, quant à la morale, ne peut qu'intéresser un Gouvernement qui a à cœur le rétablissement des bonnes mœurs. Le Gouvernement a d'autant plus droit d'exiger ce changement, si conforme à la saine raison et au bon sens, qu'il n'est que le retour à l'usage primitif que toute l'Eglise a si heureusement et si constamment suivi pendant plus de huit cents ans; et en France, au moins pendant douze cents ans. En l'exigeant, il ne ferait donc que rappeller le culte à l'esprit et au but de son institution, qui est l'honneur de Dieu, l'instruction et l'édification des fidèles; et par conséquent il rendrait à l'Eglise un service important, qui mériterait de sa part une vive reconnaissance; et qui lui ferait, pour le moins, autant d'honneur que les *Novelles* de Justinien, et les *Capitulaires*, de Charlemagne, en ont fait à ces deux Princes.

Enfin on me reproche, et on me fait un crime d'avoir fait chanter des pseaumes en français, après l'office public. J'en conviens, et j'en dis très-humblement mon *mea culpa* : c'est en effet une bien grande faute. Faire chanter en français des pseaumes qui sont l'ouvrage de l'Esprit-Saint ; faire chanter ces divins cantiques, sur des airs usités dans le chant ordinaire de l'Eglise, cela est-il supportable ? Que j'eusse fait chanter des cantiques prétendus spirituels, et qui ne sont que l'ouvrage des hommes, qui ne sont ni les paroles de David, ni celles des Saints ; qui ne sont pas même des traductions, mais des paraphrases fort libres et fort défectueuses ; que je les eusse fait chanter sur des airs profanes, des airs d'opéra, on y eût applaudi : je m'étais bonnement imaginé que cette pratique pourrait être très-utile aux jeunes gens des deux sexes, et à tous les fidèles, et sur-tout à ceux qui aiment à chanter, ou plutôt sanctifier leur repos, ou leur travail, par le chant: je m'étais autorisé par l'exemple des chrétiens orientaux. Au rapport de l'auteur de *la perpétuité de la foi*, il n'y a aucune Eglise où on ne chante les pseaumes de David, et les cantiques de l'*ancien* et du *nouveau Testament* : ils sont traduits en toutes les langues, en prose et en chant ; on peut les chanter, ou les réciter, tant en public qu'en particulier : mais il ne s'en trouve aucune traduction en vers, pas même pour l'usage des particuliers, et encore moins pour le service des églises. Ni le prétexte bien fondé, de l'utilité et de l'instruction puisée dans les divins cantiques, ni l'exemple des chrétiens orientaux, n'ont pu nous mettre à l'abri du soupçon de protestantisme.

Vous faites, me dit-on, *ce que font les protestans*. Les protestans, sans doute, ont le plus grand tort de s'écarter de la foi de nos pères, sur des points capitaux ; mais ils ont grandement raison de louer Dieu en langue vulgaire comme le faisaient nos pères. Et nous autres catholiques nous avons très-grande raison de suivre en tous points la foi de nos pères ; mais nous aurions grand tort, maintenant que nous le pouvons, de ne pas louer Dieu en langue vulgaire, comme ils le faisaient. Si, comme on le dit souvent, le commun des catholiques est beaucoup moins instruit de sa religion, que le commun des protestans ne l'est de la sienne, la raison en est toute simple : c'est l'effet tout naturel de la différente manière d'agir. Les protestans célébrant leur culte en langue vulgaire, tout instruit chez eux ; et nous, célébrant le nôtre en langue inconnue, rien ou presque rien n'instruit chez nous. Ce soupçon de protestantisme ne peut et ne doit donc paroître que bien ridicule à des yeux sensés. On n'est pas plus protestant pour chanter des pseaumes traduits en français, et en prose, qu'on ne l'est en baptisant, en récitant le symbole des apôtres, comme les protestans. S'il était permis d'user de représailles, je repliquerais : vous nous soupçonnez de protestantisme ; mais c'est sur vous que retombe cet injurieux soupçon : c'est vous qui imitez les protestans ; c'est vous qui avez introduit, à leur exemple, dans l'Eglise catholique, une nouveauté, quand, au-lieu de traductions duement autorisées, vous faites chanter en vers, de compositions de poëtes souvent décriés, qui se donnent la liberté d'ôter des églises les cantiques sacrés qui étaient en usage depuis les premiers siècles du christianisme, pour substituer, en vers, aux paroles de David, et du *nouveau Testament*, des pensées et des expressions qui souvent n'y ont aucun rapport, et dont la plûpart sont inintelligibles à des hommes du peuple qui ne sont pas accoutumés au langage poétique ; tandis que nous nous servons des traductions du bréviaire de Paris : traduction littérale, et que le commun des hommes, même dans la classe inférieure de la société, entend facilement : traductions qui sont autorisées et adoptées dans le plus grand nombre des diocèses ; ainsi c'est, de votre part, une innovation coupable, et un abus plus grand que tous ceux que vous nous reprochez en ce genre.

Dans le vrai, dire qu'en faisant chanter des pseaumes, des hymnes et des proses, en langue vulgaire, je me distingue des autres ; que je suis le seul qui le fais, ce n'est pas tant me faire un grand reproche, que me donner une grande louange ; puisque c'est dire que je suis le seul qui fais quelque chose de ce que nos pères, plus vertueux, plus zélés, plus sages, plus éclairés que nous, faisaient tous, en tout et par-tout. Je suis le seul qui me distingue des autres ! mais le juste Noé fut aussi le seul père de famille de son temps ; le fidèle Abraham, le seul de son pays ; le chaste Lot, le seul de sa ville ; le vertueux Tobie, le seul de sa tribu ; l'intrépide Athanase, le seul de ses collègues, qui se distinguèrent des autres. Loin donc d'avoir sujet de rougir de ma singularité, n'ai-je pas plutôt sujet de me féliciter d'avoir ce léger trait de ressemblance avec des personnages si respectables ? Mais comme l'intrépide Athanase eut seul le courage de tenir ferme contre l'erreur, quoique bien d'autres fussent de son sentiment, je me trouve dans la même position. Combien d'évêques et d'autres pasteurs pensent comme moi sur ce sujet, quoique Dieu ne leur ait pas donné, jusqu'à présent, le courage de faire de même ! Mais quand on a assez de franchise et de bonne foi pour convenir, dans le particulier, que ceux qui désirent le retour à l'usage primitif de la langue vulgaire dans la célébration du service divin, ont raison, et que ceux qui s'y opposent ont tort, comment peut-on me blamer publiquement d'y disposer tout doucement les esprits par les essais que j'en fais dans un exercice de piété qui est de pure surérogation ? C'est, dit-on, qu'il faut de l'uniformité dans les pratiques de la Religion, et que je suis le seul pasteur qui le fais. Il faut de l'uniformité dans les pratiques de la Religion ! mais, dans la réforme des abus, c'est à l'uniformité à suivre, et non à elle à commencer. Je suis le seul pasteur qui le fais ! mais autrefois, et dans des tems plus heureux, tous le faisaient : mais si je suis aujourd'hui le seul pasteur qui le fais à Paris, le respectable M. Duplan m'a dévancé à Gentilly ; mais le vénérable M. Ricci, d'après le vœu de son concile, l'a fait avant nous, avec beaucoup plus d'étendue, dans le diocèse de Pistoie ; et les fidèles en recueillaient aussi de plus abondans fruits, comme il le témoigne, dans une lettre, à M. Grégoire. Si Dieu m'avait appelé, comme ce digne prélat, au gouvernement d'un diocèse, j'ai la confiance, après toutes les graces qu'il m'a faites, qu'il m'aurait aussi donné le courage de l'imiter. J'aurais vraisemblablement éprouvé les mêmes traverses ; mais, comme lui, j'aurais mieux aimé n'être rien, que d'être quelque chose d'inutile. Je suis le seul pasteur qui le fais : mais ne vaut-il pas mieux travailler seul à réformer un abus, que de concourir, avec la multitude, à l'entetenir ? Cependant ce que je fais n'est pas tant la réforme de l'abus même, qu'un essai qui tend à démontrer, par le fait, que cét abus involontaire dans son principe, si préjudiciable aux fidèles, et qui a été si long-temps irréformable, est enfin devenu, par la miséricorde de Dieu, réformable aujourd'hui, et qu'on devrait le réformer. Vous donc qui convenez franchement que ceux qui en désirent la réforme ont raison, et que ceux qui s'y opposent ont tort, comment osez-vous me blâmer de faire seul ce que je fais ? Eh ! c'est votre faute, si je le fais seul. Joignez-vous à moi ; engagez-en d'autres, tant par vos avis que par votre exemple, à s'y joindre, comme je me suis moi-même joins à d'autres ; alors, je ne serai plus le seul ; et l'uniformité, que vous désirez tant pour rendre plus utile un usage déja si utile en lui-même, viendra après le perfectionner. Que le Dieu de paix, qui dispose à toute bonne œuvre, nous en fasse la grace, afin que tout esprit loue le Seigneur, et que toute langue le glorifie, à présent et toujours, comme au commencement et dans tous les siècles des siècles. *Amen.*

NOTES
ET PIÈCES JUSTIFICATIVES.

(A) François Lemaître de la Garlaye, évêque de Clermont, etc. Avons l'honneur de certifier à Monseigneur l'Archevêque de Paris, que le sieur Pierre Brugière, prêtre de notre diocèse, et chanoine du chapitre de Saint-Genès, de Thiers, a dirigé et confessé avec fruit les religieuses de la communauté de Ste.-Ursule de ladite ville de Thiers, l'espace de sept ans, et qu'il n'est rien venu à notre connaissance contre sa doctrine et ses bonnes mœurs. Donné à Clermont, le 11 octobre 1768. Signé Omerin, vicaire-général. Par mandement : Moranges.

(B) J'ai été approuvé, à cet égard, depnis le 12 octobre 1772, jusqu'au 31 Juillet 1779. Je me contenterai de transcrire la première et la dernière lettre qui me servaient de pouvoir.

Paris, le 12 octobre 1772... Je consens, Monsieur, que la sœur Ste.-Marie, Religieuse de l'abbaye de Ste.-Perine, de Chaillot, se confesse, pendant six mois, à M. Brugière, de la communauté de S.-Roch ; mais il faudra que, ce temps expiré, elle s'adresse au confesseur de la Maison : vous voudrez bien l'en prévenir de ma part. Cette lettre servira de pouvoirs à M. Brugière. Je suis avec bien de la considération, etc. Signé Christophe, archevêque de Paris.

A Conflans, le 31 juillet 1779... D'après l'assurance que vous me donnez, Monsieur, qu'il est absolument nécessaire que Mad. Ste-Marie et la sœur Marthe, religieuses de Ste.-Perine, continuent de s'adresser, pour la confession, à M. Brugière, je lui accorde bien volontiers des pouvoirs pour les entendre pendant un an, et cette lettre lui en tiendra lieu. Je suis, etc. Christophe, archev. de Paris. Au dos est écrit : A M. Dubosquet, confesseur de l'abbaye Ste.-Perine, à Chaillot.

(C) *Conflans, le 27 mai* 1780... Je destine, Monsieur, à M. Brugière, le vicariat de Marly-le-Roi : M. Gauthier, curé de cette paroisse, est aussi respectable par son âge, que par son zèle et ses vertus. En conséquence, je vous prie de faire dire à M. Brugière de passer à mon secrétariat, à Paris, et d'y faire expédier ses pouvoirs pour Marly-le-Roi. Signé Christ. archev. de Paris. Au dos est écrit : A M. Marduel, curé de S.-Roch, à Paris.

(D) Christophorus de Beaumont, etc. Concedimus licentiam celebrandi missam magistro Petro Brugière, etc. Datum Parisiis anno domini 1781, januarii die 26. Sig. Davisard. Prorogatur die 26 jan. 1782. Sig. Davisard.

(E) Je ne prévois pas, Monsieur, qu'il me soit possible de vous accorder la place qui vient de vaquer à la Salpêtrière, parce que M. le Recteur avait jetté les yeux sur un autre sujet pour la remplir ; mais je puis vous en donner une à-peu-près du même genre, à S.-Denis, et qui sera au moins aussi avantageuse. Si vous voulez l'accepter, je vous prie de me le faire savoir sans délai. Je suis avec bien de la considération, etc. Signé l'Archevêque de Paris. *A Paris, le 7 avril* 1783.

(F) Monseigneur, vos bontés m'autorisent à vous parler avec franchise ; elle est l'effet de la droiture de mon cœur, et de la confiance que vous m'inspirez. Vous me faites l'honneur de me marquer que M. le Recteur avait jeté les yeux sur un sujet pour remplir la place vacante à la Salpêtrière. J'ai eu l'honneur de vous faire passer une lettre par laquelle il me marquait, en date du 5 avril, qu'il ne s'intéressait à personne en particulier ; qu'il s'en rapportait à votre Grandeur pour le choix, parmi ceux qui se présentaient. Il faut qu'on n'ait pas mis cette lettre sous les yeux de votre Grandeur. Le respect infini dont je suis pénétré m'impose le plus rigoureux silence sur cette étonnante contradiction. Il me suffit de vous l'indiquer.

La station que je remplis, ne doit finir que le mardi après la *Quasimodo* ; cette circonstance ne me permet pas, dans ce moment, de remplir vos vues pour la place que vous avez la bonté de me proposer. Je n'y répugne certainement pas : Les malheureux de S.-Denis sont aussi précieux, aux yeux de la foi et de l'humanité, que ceux de la Salpêtrière. Je suis, etc... *De Paris, le 9 avril* 1783.

(G) Je, soussigné, certifie que M. l'abbé Brugière,

prêtre du diocèse de Clermont, a été approuvé, et a travaillé, pendant environ douze ans, en notre église et communauté, connu de M. Pomier, un de nos confesseurs, et ancien prêtre, qui m'en a rendu le meilleur témoignage ; et qu'il ne m'en est rien revenu de contraire aux bonnes mœurs. Quant à ce qui le fait sortir de notre communauté, cela ne m'a paru, ni à bien d'autres, avoir aucun fondement, et a été sans preuves, puisque Mgr. de Beaumont lui a offert le vicariat de Marly-le-Roi. En foi de quoi j'ai signé. Le 14 mai 1783. Signé MARDUEL, curé de S.-Roch.

Je vous envoie, Monsieur, l'*exeat* que vous désirez, avec une lettre pour M. le Curé de S.-Paul, dans laquelle je lui témoigne tout le plaisir que j'aurai qu'il veuille vous admettre dans sa communauté. Je suis charmé de vous donner cette marque de mon zèle, et de la sincérité avec laquelle j'ai l'honneur d'être votre très-humble et affectionné serviteur. Signé FRANÇOIS, évêque de Clermont. *Au château de Beauregard*, *le* 30 *mai* 1783.

(H) Je dois consigner ici un fait qui n'est pas fort connu, mais qui m'est trop honorable pour le passer sous silence. Le district de la Culture étant informé qu'il était question de moi pour la cure de S.-Paul, députa un de ses Membres pour prendre des informations sur mon compte dans la paroisse S.-Louis. Ce député s'adressa à un conseiller du parlement, qui, sur la demande à lui faite, répondit, avec ingénuité, qu'il ne connaissait ni le nom, ni la personne dont on lui parlait ; que toutefois, s'il voulait des instructions sûres, M. le curé de Saint-Louis se trouvant, dans ce moment, chez lui, pour dîner, il satisferait à sa demande. M. Coroller, interpellé par son hôte et par le député, rendit le témoignage le plus authentique : et ce fut à ce témoignage que je dus ma nomination à la cure de S.-Paul : sur le rapport de leur député, les électeurs de la Culture s'empressèrent d'y concourir.

(I) Ce fut par la médiation de M. Delhère, alors supérieur des écoles des enfans de la Pitié.

(K) Le 26 février 1791, je reçus, sur les neuf heures du soir, une députation composée de quatre citoyens, les sieurs Comperot, Duhamel, Gilierd et Bernard. L'orateur m'annonça qu'ils venaient de la part des Citoyens, m'engager à renoncer à ma nomination. Je lui en demandai les motifs : il fut fort embarrassé, aussi-bien que ses co-députés : n'ayant point d'autres reproches à me faire, sinon que je n'étais point connu. Après des propos vagues, ils finirent par avouer que c'était une trame ourdie par les prêtres, à qui je n'avais pas le bonheur de plaire.

(L) *Extrait des registres des assemblées générales de la section de l'Arsenal, du 9 mai 1791.*

La section de l'Arsenal, convoquée en la manière ordinaire, M. Gillierd, président, a dit que M. le Curé de S.-Paul a prononcé, hier dimanche, un discours au sujet de la prétendue ordonnance de M. de Juigné, ci-devant archevêque de Paris, par laquelle ce prélat défend à ses prétendus diocésains d'assister à aucune fonction religieuse, de recevoir aucun sacrement des prêtres actuellement fonctionnaires publics, assermentés, et les regarde comme intrus ; que ce discours est bien fait, très-profond et très-probant ; que ce discours édifiant établit, sur des principes certains, une juste ligne de démarcation entre les droits de l'Eglise et ceux des puissances séculières ; que M. le Curé, dans ce discours, discute, avec beaucoup de vérité, la valeur et le mérite du concile de Trente, dont les non-conformistes font leur cheval de bataille ; qu'il engage l'Assemblée à prier M. le Curé de vouloir bien le livrer à l'impression, et de le rendre public : parce que cet ouvrage important peut servir puissamment à ramener une multitude de fidèles trompés par de fausses citations, de prétendues loix divines, et l'astuce des prêtres non-conformistes. Cet arrêté a été adopté unanimement, et avec de grands applaudissemens ; et ont signé à la minute, GILLIERD, président ; VIRVEAU, secrétaire. Pour extrait conforme: VIRVEAU, secrétaire.

(M) *Paris, le 7 mai 1792, l'an 2 de la liberté*... J'ai reçu, Monsieur, la lettre que vous m'avez adressée : vos observations sont extrêmement justes : il serait bon que les processions ne se fissent que dans l'intérieur des temples. J'ai tardé à vous répondre, parce que je voulais faire usage des excellens principes que renferme votre lettre. Je provoquerai, ce soir, un arrêté du corps municipal sur cet objet. Il est bien doux pour un magistrat d'être secondé, et même prévenu, par un pasteur aussi respectable. Je désirerais qu'il se trouvât, parmi les prêtres, beaucoup d'hommes semblables à vous; les préjugés disparaîtraient, et le règne de la véritable liberté s'établirait paisiblement. Vous êtes le maître de faire tout ce que votre prudence et votre patriotisme vous suggéreront. Recevez du Procureur de la Commune les remercîmens les plus sincères de votre communication fraternelle. Signé MANUEL.

Paris, le 9 février 1793, l'an premier de la République. J'ai reçu, Monsieur, avec votre lettre, les différentes pièces que vous y avez jointes : je les examinerai avec le plus grand soin, ainsi que votre mémoire, auquel j'apporterai la plus scrupuleuse attention. Signé CHAUMETTE.

(N) Il est bon de rappeller ici, que le jour que je publiai, au prône, la loi du 20 septembre 1792, sur le mariage, l'explication que j'en fis, excita une espèce de soulevement. Il ne fut pas difficile de prouver combien était juste et sage la loi qui séparait le mariage, qui est et qui ne peut être qu'un acte civil, du sacrement institué pour sanctifier le mariage. Trois femmes se portèrent à cet excès, que de dire assez haut pour être entendues, qu'il fallait me jetter du haut de la chaire en bas. Les clameurs augmentèrent au sortir de l'église, et la calomnie de dire, qu'il n'y avait plus que six sacremens, que j'avais retranché le septième, celui du mariage : et que j'étais un hérétique.

(O) Si, après l'ordination, un prêtre, un diacre, un soudiacre se marie, qu'il soit chassé du Clergé. *Novelle* 123.

(P) Les écroux de la plûpart des détenus ne portaient que des motifs vagues et insignifians. La commission fit des plaintes amères de l'insuffisance de ces écroux : le comité, docile, s'empressa d'en imaginer de graves, et les fit transcrire sur le registre du geolier. La plûpart de ces motifs étaient dénués de fondement et de preuves, et marqués au coin de la fausseté. Ce n'est point là un fait controuvé, ni une calomnie : le fait est authentique, et la preuve en résulte de ce que les écroux transcrits sur le registre du geolier ne sont pas conformes aux motifs d'arrestation donnés par l'ancien comité, et que les uns et les autres sont tous différens de ceux qui ont été extraits des procès-verbaux qui sont entre les mains du nouveau comité révolutionnaire. Si cette complaisance de l'ancien comité n'a pas eu l'effet qu'on devait en attendre, au moins est-il certain, d'après le témoignage de personnes probes, que le 13 ou le 14 de thermidor, la maison d'arrêt, rue des Lions, devait fournir son contingent pour alimenter la guillotine; et sûrement, d'après les dispositions bénévoles du comité, j'aurais eu l'honneur de la préférence. Mais heureusement le 9 thermidor arriva.

(Q) *Comité de Surveillance, etc. du 29 vendémiaire, an trois de la République.* Vu les motifs de l'arrestation du citoyen Brugière, et la déclaration d'une quantité de citoyens de la section de l'Arsenal, le comité arrête que le citoyen Brugière, détenu en la maison d'arrêt, rue des Lions, sera mis en liberté, et les scellés levés. Les représentans du peuple, signés A DUMONT, BENTABOLE, REVERCHON, CLAUKET, BOURDON de l'Oise, et REUBELL. Pour copie conforme. Signé LARCHER.

(R) Le citoyen le Vasseur, connu parmi nous par sa probité, son zèle, sa piété, fut victime de sa bonne volonté. En conformité à la loi, il était allé faire sa déclaration à la municipalité de l'Indivisibilité, de l'ouverture de l'église des Annonciades, pour y exercer le culte, les nommés Lainé et Groslaire, qui présidaient dans ce moment le comité municipal, l'arrêtèrent, sous prétexte de fanatisme, et eurent le crédit de le faire incarcérer à Port-Royal, d'où il ne fut possible de le faire sortir qu'au bout de six mois.

(S) Monsieur l'Archevêque, je me suis rendu au lieu de votre domicile, et à l'Archevêché, dans l'espérance de vous offrir l'hommage de mon respect, et de déposer dans votre sein toute ma satisfaction du choix que la Providence a déterminé de votre personne pour le Siége de Paris. Vous êtes l'ange de la paix. Quarante-sept ans de tranquillité religieuse, au milieu des ennemis de la paix, dans le diocèse de Marseille, sont le gage certain de celle dont nous jouirons sous votre gouvernement. Recevez, Monsieur l'Archevêque, l'assurance de tout mon dévouement aux intérêts de la Patrie et de la Religion. Je vous offre, pour garantie de mes sentimens, douze ans de persécutions de la part des faux frères; treize mois d'emprisonnement, et privations de toute espèce : aidé de vos conseils, puissamment animé par vos exemples, j'ai la confiance que Dieu me fera la grace de finir ma carrière d'une manière honorable. Les occupations inséparables de cette semaine ne me permettent pas de satisfaire l'empressement que j'ai de vous présenter, de vive voix, l'assurance des vœux sincères que je fais pour votre conservation, et l'heureux succès de la mission importante et glorieuse qui vous est confiée. Je suis, etc. Signé BRUGIERE, Curé de S.-Paul. *A Paris, 5 avril, mardi de la Semaine Sainte, 1803.*

(T) *Conseil d'Etat. Paris, le 30 prairial, an dix de la République.* Le Conseiller d'État chargé de toutes les affaires concernant les cultes : A Monsieur l'Archevêque de Paris.

J'ai l'honneur, Monsieur l'Archevêque, de vous renvoyer la demande qui m'est faite au nom du citoyen Brugière, qui, ayant loué en son nom l'église Ste.-Marie, désire poursuivre la continuation de son bail : vous lui permettiez d'ouvrir un oratoire dans cette église. Cette autorisation devant être confirmée par le Gouvernement, il est indispensable qu'elle soit demandée par vous, et que vous détailliez les motifs qui appuyeront votre proposition : de même que vous voudrez bien m'apprendre ceux que vous aurez de rejetter la demande de cet oratoire. J'ai l'honneur de vous saluer. Signé. PORTALIS.

P. S. écrit de la main de M. Portalis même. En attendant la décision ou la résolution de M. l'Archevêque, le Prêtre desservant l'église Ste.-Marie, qui est obligé de supporter un loyer, doit continuer à exercer provisoirement, sur-tout la succursale établie dans ce quartier, ne pouvant encore être prête.

(V) Les sages-femmes étaient à leurs ordres, moyennant une rétribution. On les a vus s'introduire dans les maisons, solliciter les baptêmes, les mariages, les pains à bénir, les *enterremens.* On les a vus plus d'une fois se disputer, d'une manière scandaleuse les dépouilles de l'humanité. Il en est qui n'ont pas rougi d'aller demander, au bureau des pompes funèbres, rue Culture-Ste.-Catherine, la bienveillance des préposés, pour obtenir la préférence, moyennant une certaine somme proportionnée au nombre et à la qualité des convois qu'on leur procurerait. Un desservant a eu la bassesse d'aller offrir au garçon de bureau de l'état-civil, trois francs par chaque mariage qu'il lui envoyerait. Je dois le dire à ma honte, j'ai la mal-adresse de ne savoir faire ma cour qu'en faisant mon devoir. *Tous les héros*, a dit Racine, *ne sont pas faits pour être des Céladons* : et moi je pense que les prêtres qui sont ce qu'ils doivent être, les héros du christianisme, ne sont pas faits pour être des courtisans, des intrigans. Nos voisins ont profité de ce défaut de ma part : ils ont sollicité et obtenu, de la municipalité, un arrêté par lequel il était défendu aux citoyens de la division de l'Arsenal, de présenter à l'église Sainte-Marie, leurs parens ou amis décédés, sans au préalable avoir demandé et obtenu la permission de M. le Desservant de S.-Paul et S.-Louis, dont l'église ne fut ouverte qu'à Noël. M. le Desservant eut la bonté d'accorder deux fois cette permission.

Observation sur cet article.

Il avait été arrêté, en conseil archiépiscopal, qu'on ne regarderait pas l'église Ste.-Marie, même comme oratoire; et la preuve en résulte, que depuis l'intronisation de M. de Belloi, on ne nous a jamais adressé ni transmis, ni ordonnances, ni mandemens, ni instructions pastorales, quoique nous fussions autorisés par M. du Belloi et par M. Portalis.... Et on veut nous faire entendre que tout est réuni, que tout est en paix dans le diocèse de Paris ! *Credat judæus Apella.*

(X) Tous les dimanches et fêtes, aux Annonciades, à S.-Paul et à Ste.-Marie, nous avons toujours eu un délégué de la police et de la contre-police, à la grand'-messe, au prône, au catéchisme et à vêpres. Les dépositions qui se trouvent consignées dans les bureaux du département de la police générale et du ministre de l'Intérieur, feront connaître à ceux qui les consulteront, que nous ne nous sommes jamais écartés de la ligne du devoir; que, dans nos instructions, nous avions toujours pour objets d'insinuer aux enfans et aux grandes personnes, le respect pour l'autorité, la soumission aux loix

(Y) Il est à propos de consigner ici la lettre du ministre de l'Intérieur, et l'on se convaincra que le Gouvernement était bien éloigné de regarder ces évêques comme des intrus qui cherchaient à renverser la Religion et l'Etat.

Paris, le 11 *fructidor an neuf.* Le ministre de l'Intérieur : Au citoyen Lecoz, évêque métropolitain de Rennes, président du Concile.

Le Premier Consul m'a transmis, Citoyen, la lettre que vous lui avez adressée, pour lui annoncer le terme de votre session, et le motif qui en avait suspendu les travaux. Le Gouvernement a vu avec tatisfaction, Citoyen, que, ministres d'un culte de paix, vous n'en avez pas démenti le caractère ; il a vu avec intérêt, que vos vœux et tous vos efforts ne tendaient qu'à seconder ses intentions bienfaisantes ; et que, d'un commun accord, vous travaillez à éteindre les haines, à rétablir l'harmonie, et à assurer le bonheur de tous. Je vous salue. Signé CHAPTAL.

Or, je le demande, des évêques que le Gouvernement, par l'organe de son Ministre, déclare avoir vu avec satisfaction ne pas démentir le caractère de ministres d'un culte de paix ; avoir vu avec intérêt faire tous leurs efforts, et former des veux pour seconder les intentions bienfaisantes du Gouvernement ; avoir vu ces évêques, d'un commun accord, travailler à éteindre les haines, à rétablir l'harmonie et à assurer le bonheur de tous ; ces évêques sont-ils des schismatiques, des rebelles, qui veulent renverser la Religion et l'Etat ?

LETTRE DE M. BRUGIÈRE :

A SES PAROISSIENS.

Du lieu de ma captivité, le 5 décembre 1793.

Voici, Mes Frères, une grande tribulation dans l'Eglise de France : elle est telle que l'histoire ne nous en présente point de pareille. Les efforts de l'impiété sont marqués chaque jour par de nouveaux succès : ses suppôts eux-mêmes sont étonnés de la rapidité avec laquelle ils triomphent de tous les obstacles. La foi tournée en dérision ; les lieux saints profanés ; nos plus redoutables mystères traités comme une chose vile et méprisable ; le Saint des Saints horriblement foulé aux pieds : les abominations dont nous avons été témoins sont telles, qu'il n'y en eut peut-être jamais de semblables de la part des ennemis de l'Eglise les plus féroces... Un pasteur revêtu de la puissance de J. C. (M. Gobel, év. const. de Paris) n'a ouvert la bouche que pour imiter le langage de l'ancien serpent, en vomissant des blasphêmes contre Dieu, contre son nom, son tabernacle, et contre ceux qui habitent dans le Ciel. Il a tout trahi, Dieu et sa religion, sa vérité et ses loix, son Eglise et ses docteurs. Trop fidèles imitateurs de son apostasie, une foule d'autres pasteurs et de prêtres, qui devaient défendre la foi, l'ont honteusement abandonnée. A l'exemple de leur chef infidèle et parjure, ils n'ont pas rougi de déposer l'auguste l'auguste caractère de ministres de Dieu de vérité : ils ont eu l'impudence et la bassesse de s'avouer charlatans et docteurs de mensonge.

La terreur a paralysé toutes les têtes ; une explosion subite a renversé tous les courages. Dans un clin d'œil, l'égarement semble être devenu universel ; et ceux à qui Dieu a fait la grace de demeurer fidèles, sont réduits à n'avoir presque plus ni évêques, ni prêtres. Exclus, par la violence, de la participation au sacrement et au S. Sacrifice, vous êtes obligés d'errer, à-peu-près comme les Juifs, sans temple, sans prêtre, sans autels...

A quel temps sommes-nous réservés, mes Frères ! .... Que ne nous présage pas de funeste, l'infame inauguration du prétendu temple de la Raison et de la Philosophie ! Rome payenne et la superstitieuse Athènes eussent rougi de scènes aussi peu raisonnables et aussi peu philosophiques.

Dans des circonstances si pénibles et si fâcheuses, dans des anxiétés si cruelles, que je m'estimerais heureux de pouvoir vous porter de vive voix des paroles de consolation ! Quoiqu'absent de corps, je suis toujours en esprit au-milieu de vous : je vois couler vos larmes. Témoin de votre douleur et de vos soupirs, je partage sincérement vos peines et vos inquiétudes. Je puis en toute vérité rendre témoignage que je vous porte sans cesse dans mon cœur ; et j'aime à me repaître de l'idée aussi flatteuse qu'honorable, que je ne vous suis pas indifférent. Cette seule idée allège la pesanteur de mes chaînes ; elle seule adoucit l'amertume et l'ennui inséparables de ma captivité. Recevez avec bonté et avec indulgence ce que je vous écris : j'ai la confiance que Dieu lui-même le met dans mon cœur pour vous.

Nous pouvons dire actuellement ce que Jérémie disait autrefois de Jérusalem. Tous ses amis l'ont méprisée, et sont devenus ses ennemis : elle est enivrée de maux, et non de vin ; tous les malheurs sont venus fondre sur elle à grands flots : Dieu semble épuiser contre elle la coupe de sa colère : la rage de ses cruels oppresseurs va tout exterminer. Ces menaces terribles s'exécutent déja. De quelles craintes ne doivent-elles pas nous pénétrer ! Mais aussi quelles espérances ne doivent pas concevoir ceux à qui Dieu fait connaître le don précieux de sa grace ! Si, d'un côté, c'est un grand sujet d'affliction, de voir les terribles effets de sa colère sur ce grand nombre de chrétiens infidèles qui ont abusé de la Religion, quel sujet de consolation pour ses serviteurs, de pouvoir espérer que, dans sa plus grande colère, il n'oubliera pas ses miséricordes ! *Numquid obliviscetur misereri Deus, aut continebit in ira sua misericordias suas ?*

Mais, direz-vous, que faire pour ne pas se rendre indigne de ces miséricordes, et y avoir part, dans des temps où il paraît que la justice divine est si irritée contre nous ? Il faut faire ce qu'ont fait de leur temps les prophêtes et les apôtres, ce qu'ont fait les vrais fidèles dans tous les siècles. D'après les dispositions connues de ces héros de l'Eglise, nos pères dans la foi, je vais indiquer succinctement quelques moyens, qui seront de la plus grande resssource dans le détail de la conduite, au milieu du torrent d'iniquité qui se déborde de toutes parts.

Premier Moyen. Ne pas se troubler, conserver la paix du cœur, la tranquillité de l'ame. C'est J. C. qui nous le recommande : *non turbetur cor vestrum.* Tout ce qui arrive a été prédit. Vous voyez dans l'Eglise de grands scandales... Mais ne savez-vous pas qu'il est de sa destinée d'être battue de continuelles tempêtes ; que son état sur la terre n'est point un état de repos permanent ? L'Eglise ne fait que passer sur la mer orageuse de ce monde. Il est nécessaire, comme l'a dit J. C., qu'il survienne au milieu d'elle des scandales. Dès son berceau, elle vit germer dans son sein des racines amères, qui se sont propagées dans la suite des siècles, et ont produit des fruits mortels... Que d'affreux désordres n'y enfantèrent pas l'ignorance et le relâchement ! Il ne sera pas hors de propos d'en tracer ici une légère esquisse.

L'inondation des barbares, dans le sixième siècle, causa la décadence des études, de la vraie science, et du bon goût dans les choses de la Religion. Admis dans le clergé, les conquérans apportèrent leur férocité dans le sein même de l'Eglise. On vit alors des évêques et des prêtres guerriers, chasseurs, vivant en seigneurs, et ne ressemblant en rien à des pasteurs.

Vers la fin du huitième siècle, l'ignorance fit admettre les fausses décrétales, d'où naquirent d'énormes changemens dans la discipline. Les anciennes règles, si sages et si propres à maintenir le bon ordre, furent mal comprises, et tombèrent insensiblement en désuétude, par la faiblesse des évêques et la dureté des pécheurs. On crut en suppléer les effets salutaires, en introduisant les croisades, où l'on supposait que les dépenses d'un long voyage et les fatigues de la guerre pouvaient tenir lieu des pénitences que les pécheurs auraient dû subir suivant les canons.

Le douzième siècle vit naître les Ordres mendiants, dont la première ferveur ne fut pas de longue durée. Quels torts irréparables n'ont-ils pas faits à la Religion dans l'administration des sacremens ! La mendicité dont ils faisaient profession, la dissipation continuelle qu'elle occasionnait, firent, d'un grand nombre de ces religieux, des hommes vagabonds et souvent déréglés. Le défaut de temps, le peu de goût pour les bonnes études, l'ignorance des bonnes règles, les rendirent indulgens envers les pécheurs au-delà des justes bornes Guides aveugles et trop multipliés, ils perdaient un grand nombre d'ames, en admettant à la participation des choses saintes, des pécheurs qui n'étaient pas sincérement convertis. Guides trompeurs, ils ne faisaient consister le culte qu'on doit à Dieu, qu'en des actions extérieures, en des pratiques minutieuses, en des dévotions superficielles. Nouveaux pharisiens, ils ne connaissaient que la justice qui vient de l'homme, ils étaient ennemis de celle dont Dieu est l'auteur.

Enfin une source féconde de nouveaux désastres, dont l'Eglise ne cessera jamais de déplorer les suites, ce fut la naissance de ce Corps (les Jésuites) fameux par la perversité de ses sentimens, et par la corruption de sa morale. Ennemi de la vérité dès son origine, il établit un système monstrueux, qui a fait à l'Eglise les plaies les plus profondes et les plus mortelles ; système d'orgueil et d'impiété, qui conteste à Dieu sa toute-puissance sur la volonté et sur le cœur de l'homme, et qui anéantit le grand précepte de l'amour de Dieu.

En un mot, l'orient et l'occident, le nord et le midi, offrent par-tout des vestiges sans nombre des ravages et des désordres causés par les différens novateurs qui ont troublé et déchiré le sein de l'Eglise. A quel état d'affaiblissement n'a pas été réduite la communion extérieure de l'Eglise catholique, par les hérésies des seixième et dix-septième siècle ! Cependant, au milieu de tant de tempêtes et de naufrages, l'Eglise surnage, malgré les efforts redoublés de ses implacables ennemis.

Les jours où nous vivons sont, sans doute, bien mauvais : ils l'emportent, peut-être, sur tous ceux qui ont précédé. Le puits de l'abîme s'est ouvert, l'enfer a vomi tous ses émissaires. Quelle désolation, que de maux marchent à leur suite ! La faux de l'impiété moisonne tout : les temples sont pillés et profanés, les églises prostituées, les autels abattus, même par les mains des prêtres ; les précieuses reliques des martyrs et des confesseurs de la foi, les images des Saints, celles de J. C. même expirant pour sauver les hommes, tombent sous les coups redoublés de leurs mains sacrilèges. L'Evangile de salut, dépositaire de la parole divine, est livré aux flammes, pour faire hommage à l'orgueilleuse raison, pour appaiser les manes des prétendus martyrs de la liberté, et des prétendus apôtres de la philosophie... Mais ces scandales ne sont que les tristes effets, que les fruits amers de l'ivraie qu'avait semée l'ennemi dans le champ du père de famille. Ils ne sont que la juste punition du mépris de la vérité, de l'abus des vives lumières, du ministère des bons pasteurs, des secours et des graces que Dieu avait répandues de toutes parts. Les terribles châtimens que nous éprouvons, constatent la grandeur et l'énormité de nos prévarications. Sommes-nous donc arrivés à ce temps fâcheux prédit par S Paul; temps différent de tous les autres, et qui n'a pas eu son égal depuis qu'il y a des nations, *ex quo gentes esse cœperunt*; temps marqués dans les décrets de Dieu, où doit se manifester le grand mystère d'iniquité, l'apostasie des Gentils?

Adorez en tremblant la profondeur des desseins de Dieu : ses conseils sont impénétrables, et ses voies inaccessibles à nos faibles lumières. La défection de la gentilité a été prédite, comme l'indéfectibilité de l'Eglise : l'une et l'autre prédiction aura nécessairement son effet. L'Eglise doit être violemment agitée, et elle l'est effectivement de manière à ébrauler et à frapper de terreur les ames les plus fortes. Mais ne suffit-il pas de savoir que J. C. veille à sa conservation ? Que votre foi se réveille, et bientôt vos allarmes et vos inquiétudes cesseront... *Fides tua imperet ventis et fluctibus, et transiet periculum*. Déposez vos craintes, calmez vos sollicitudes ; elles ne sont inspirées que par une impatience purement humaine. Vous voudriez, dans les transports de votre zèle, que Dieu lançat sa foudre pour exterminer tant d'impies, dont la langue livrée au blasphême et au mensonge, ose s'élever contre le Ciel, et n'épargne rien sur la terre.

Modérez ces mouvemens trop humains. Les pensées de Dieu ne sont pas les pensées des hommes... Ayez le courage d'attendre en paix les momens que s'est réservés sa toute-puissance : *sustine sustentationes Dei*. . . . Soyez fermes, soyez inébranlables, au milieu de l'horrible tempête qui agite le vaisseau de l'Eglise. Ceux qui lui portent des coups si violents, et qui voudraient la submerger, seront précipités et engloutis eux-mêmes dans la profondeur de l'abîme. Leur chûte sera un monument éternel de la protection de Dieu sur son Eglise. Elle sera la preuve incontestable que Dieu est au milieu d'elle, qu'il se joue de tous les projets de ceux qui ont conjuré sa perte, et que tous leurs efforts deviennent aussi malheureux pour eux qu'inutiles contre nous.

Deuxième moyen. Se tenir sur ses gardes, pour ne pas se laisser surprendre à la séduction, et ne point prendre part à l'iniquité. Les circonstances ne sauraient être plus épineuses, ni les pas plus glissants. Les élus même doivent trembler, et les plus justes doivent craindre pour leur faiblesse. Comment en effet, sans une attention et une vigilance continuelle, parvenir à se défendre d'une contagion qui se repand dans toutes les parties de la France, et qui y cause, du nord au midi, de l'Océan à la Méditerranée, les plus affreux ravages ? Depuis long-temps l'irreligion avait fait des progrès dans tous les états, et parmi les personnes de tout âge et de toute condition : mais aujourd'hui elle infecte tout, et c'est un torrent qui ne connaît plus de digues. L'impiété s'est introduite jusques dans le sanctuaire : le prêtre ne differe en rien du peuple : mêmes scandales dans les mœurs, même naufrage dans la foi. Les mœurs du peuple n'ont d'autre règle que cette espèce d'instinct, ce penchant aveugle qui caractérise l'animalité dans les êtres dépourvus d'intelligence : *sicut equus et mulus, quibus non est intellectus.* Les mœurs du prêtre sont avilies, dégradées, en proportion de l'état de grandeur où il a été élevé : *cùm in honore esset, non intellexit.* Il a perdu de vue l'excellence de sa vocation ; il s'est assimilé à des animaux sans raison, et leur est devenu semblable : *similis factus est illis.*

Témoins de tant de scandales, environnés de si pernicieux exemples, et obligés de respirer, pour-ainsi-dire, l'odeur pestilentielle qu'exhalent les vices du prêtre et ceux du peuple, pourriez-vous ne pas trembler pour votre faible vertu ? Comment résister à ces torrens impétueux qui renversent tout, qui entraînent tout ce qui se rencontre sur leur passage? Avec quel soin devez-vous sur-tout vous prémunir contre le genre nouveau de séduction auquel vous expose l'apostasie de tant de prêtres et de pasteurs qui viennent de se donner en spectacles à l'univers étonné? Quelle est affligeante pour l'Eglise, cette démarche insensée ! A quels excès on se porte, dans quels abîmes on se précipite, quand on ne se conduit pas constamment par les lumières de la foi ! Ils n'ont pas eu honte de mentir à leur conscience, en s'avouant coupables d'imposture et de charlatanisme, lorsqu'ils prêchaient la religion de Jésus-Christ....

Ne faut-il pas avoir perdu toute pudeur, pour prétendre abjurer le fanatisme en abjurant le Christianisme ? Quoi ! selon ces nouveaux docteurs, l'unité d'un Dieu, la trinité des personnes, la chûte du premier homme, qui a entraîné dans son malheur toute sa postérité, l'incarnation du Verbe, et la rédemption du genre humain par les mérites et le sang du fils de Dieu fait homme, ne sont maintenant que des chimères et des erreurs ! L'auguste sacrifice de nos autels, la prière pour les morts, l'assemblée des fidèles pour rendre en commun leurs hommages au Dieu de justice et de miséricorde, la communion des saints, la majesté de nos cérémonies, la Ste. gravité de nos chants; ce ne sont maintenant que les hochets du fanatisme, pour amuser la sotte crédulité du vulgaire ! L'immortalité de nos ames, la résurrection future de nos corps, l'assurance d'une vie éternellement heureuse pour récompenser la vertu éprouvée ou opprimée, d'une vie éternellement malheureuse pour punir le vice et le crime, ne sont maintenant que des rêveries, que les visions de quelque pieux attrabilaire ! Adorer Dieu en esprit et en vérité, l'aimer par-dessus toutes choses, l'aimer de tout son cœur, de toute son ame, de toutes ses forces, l'aimer comme principe de tout bien, source de toute justice, comme notre fin dernière, notre béatitude éternelle, c'est-là du charlatanisme ! Aimer le prochain comme soi-même, donner sa vie pour sauver celle de son frère, se regarder comme les enfans d'un même père, comme les membres d'une même famille, dont le chef est dans les cieux, n'avoir entre nous qu'un cœur et qu'un ame, pardonner à ses ennemis, faire du bien à ceux qui nous font du mal, prier pour ceux qui nous calomnient et qui nous persécutent ; toute cette morale évangelique, en un mot la Religion de J. C., cette Religion seule digne de Dieu, seule digne de l'homme, seule proportionnée à ses besoins et propre à faire son bonheur, cette Religion sainte n'est plus, aux yeux de nos prêtres et de nos pasteurs philosophes, qu'une tromperie et un amas de faussetés ! . . . Gobel ne croit plus d'autres mystères, ne suit plus d'autres principes que ceux de la *raison*. Tout ce qui est au-dessus, tout ce que la raison ne comprend pas, n'est plus à ses yeux qu'une chimère qui ne mérite point son attention...

Qu'est-ce que la raison? Qu'est-ce que la philosophie? Il est bon, M. F., de vous en dire un mot, pour vous mettre à même d'apprécier le nouveau culte qu'on veut substituer à celui que nous ont transmis nos pères. La raison est le partage de l'homme : c'est cette lumière que tout homme apporte en venant au monde, qui lui est donnée par le créateur pour l'éclairer, le conduire, le diriger dans les moyens qu'il choisit pour agir par rapport à une fin. Mais cette lumière a été profondément obscurcie par les épaisses ténèbres qui sont la suite du péché. La philosophie est l'amour de la sagesse, un penchant, une inclination du cœur, qui porte l'homme à rechercher ce qui est bon, ce qui est honnête..... Mais cette inclination, ce goût, ont été fortement altérés par la concupiscence, qui porte le cœur à l'amour désordonné de la créature. Or, je le demande, y a-t-il du bon sens à ériger en divinités une raison si aveugle, et une philosophie si dépravée? Ne vaudrait-il pas autant élever des autels à l'homme lui-même, tout pécheur et corrompu qu'il est?

Aussi nos réformateurs se sont-ils empressés de personnifier la raison et la philosophie, sous l'emblême d'une de ces créatures vouées par état au désordre et à l'infamie. Je ne me permettrai pas le moindre détail sur cette horrible fête : il me suffit de dire que l'indécent costume de cette nouvelle divinité n'était propre qu'à allumer, dans tous les cœurs, le feu dévorant de cette brutale passion, qui dégrade, qui avilit l'homme, et qui le confond avec la bête. Il était réservé à notre malheureux siècle de renouveller l'idolâtrie grossière des villes payennes les plus dissolues. Cette capitale est devenue une nouvelle Babylone, qui enivre ses habitans du vin de sa prostitution. C'e n'est pas le Dieu inconnu des Athéniens qu'on y adore; ce ne sont pas les dieux de toutes les nations qu'on y invoque, comme dans le Capitole : c'est la volupté qu'on y encense; elle en est la déesse tutélaire: Ses temples sont des écoles publiques de vice; on y donne, sans ménagement, des leçons de libertinage. Eh ! quelles autres leçons pourraient donner les vils histrions qui s'y sont transformés en prédicateurs, en ministres de morale? Je conseille à ces docteurs, à ces apôtres, à ces prêtres de la raison, de faire graver sur le portail de leurs temples ces deux mots, vrais caractéristiques de leur doctrine et du goût dominant du siècle : *edere et fornicari.* C'est à quoi se réduit, en dernière analyse, ce qu'on nous donne avec tant de confiance pour le culte de la raison. N'est-ce pas là un hommage bien digne de la philosophie?..

Ces grands moralistes dédaignent les maximes de l'Evangile; ils les trouvent excessives et ridicules; ils ne veulent pas s'assujettir à ses préceptes : c'est que ces préceptes gênent les passions, contrarient les penchans de la nature corrompue; ces préceptes ordonnent la mortification des sens, la fuite des plaisirs; ces maximes humilient l'orgueil de l'homme, en lui faisant connaître le néant de son origine, et sa dépendance du créateur, ses faiblesses, ses misères, son impuissance pour le bien, le déréglement des inclinations qui le portent au mal. Est-il surprenant qu'ils ne veuillent pas s'y soumettre et s'y conformer ?

Soyez donc sur vos gardes à la vue de toutes les prévarications qui nous affligent. C'est au milieu des dangers que Dieu éprouve notre fidélité et notre attachement. Notre faiblesse ne vient que de notre peu de vigilance et de notre peu de foi : *illic titubatio, ubi modica fides.* avec une foi courageuse et attentive, nous foulerons aux pieds le lion et le dragon ; le venin de l'aspic ne pourra nous nuire. Affermissez-vous sur-tout de plus en plus contre le scandale si dangereux de ce prétendu culte qui s'établit parmi nous. Ne vous laissez pas emporter par l'exemple de cette foule d'insensés, qui exigent pour ces ridicules divinités un respect qu'ils n'ont pas eux-mêmes. Fermez l'oreille aux déclamations de ces hommes perfides, qui ont abusé de leur ministère et de votre confiance.... Ne cessez de dire dans votre cœur : C'est vous seul, Seigneur, qu'il faut adorer, c'est vous seul qu'il faut aimer, c'est en vous uniquement qu'il faut espérer. Ne présumez pas de votre vertu ; ne mettez point votre confiance dans la force de votre bras, mais dans la protection de votre Dieu. Tenez-vous toujours attachés à lui par les liens les plus étroits de la confiance et de l'amour, etc.

Troisième moyen. Gémir amérement sur les maux de l'Eglise : ce doit être là votre occupation journalière. Quel état plus déplorable que celui de l'Eglise en général ? Et en particulier, quel état plus digne de larmes et de gémissemens, que celui de l'Eglise de France ? Où trouver des expressions assez fortes pour faire sentir la profondeur de ses playes, des marques de deuil assez vives pour exprimer la violence de ses maux? Si j'empruntais le langage des Ecritures, quelles images j'aurais à vous présenter! Comparant Paris à Samarie, je vous dirais avec le prophête Michée : donnez un libre essor à vos plaintes, déchirez vos vêtemens, poussez des cris lugubres, parce que sa playe est désespérée, *desperata est plaga ejus.* Le bruit de ses prévarications a retenti jusqu'aux extrémités de l'univers ; elle est couverte de honte et d'ignominie. Pleurez la perte de ses enfants, qui faisaient sa gloire et ses délices : donnez des marques éclatantes de votre douleur. La licence la plus effrénée a profané ce qu'il y avait de plus sacré et de plus inviolable. Peut-être avez-vous donné lieu à ces désordres, peut-être y avez-vous participé, par crainte ou par faiblesse. Si, dans sa miséricorde, Dieu vous a préservé de la contagion générale, s'il vous a rendus fidèles, la piété et la reconnaissance vous imposent l'obligation indispensable de gémir, de pleurer, pour témoigner à Jésus-Christ que tout ce qui l'outrage, vous touche vivement. Vous ne pouvez non plus, sans crime, être insensibles aux malheurs qui affligent l'Eglise, qui est son épouse et notre mère.

Il semble que l'athéïsme doive être désormais l'unique religion d'un grand nombre de Français. Comment un peuple consacré à Jésus-Christ depuis tant de siècles, comblé de tant de bienfaits, éclairé de tant de lumières, et favorisé de tant de merveilles, un peuple à qui le Ciel avait prodigué, dans sa miséricorde, les trésors de sa grace, qui se faisait gloire d'être, entre tous les peuples de la terre, le peuple très-chrétien ; comment ce peuple a-t-il pu se porter à un tel excès ? A la vue d'une semblable apostasie, le prophête Isaïe s'écriait : Il n'est personne, Seigneur, qui vous invoque ; il n'est personne qui s'élève vers vous, et qui se tienne attaché à vous. Cependant, Seigneur, vous êtes notre père ; c'est vous qui nous avez formés, et nous sommes l'ouvrage de vos mains. Jettez les yeux sur nous, et considérez que nous sommes votre peuple. Le temple de votre sanctification et de votre gloire, où nos pères avaient chanté vos louanges, ne présente plus que des ruines. N'allumez point, Seigneur, toute votre colère, effacez la mémoire de nos crimes : *ne irascaris, Domine, ne memineris iniquitatis.*

Vous savez, M. F., combien le prophête Jérémie pleura sur les ruines de Jérusalem. Voilà notre modèle. Que ne puis-je exciter, dans vos cœurs, les sentimens dont était pénétré ce saint prophête ! Jérusalem, pillée, dévastée, n'est-elle pas l'image trop fidèle de la désolation de l'Eglise Gallicane, de cette précieuse portion de l'Eglise universelle, de cette Eglise autrefois si célèbre, qu'un grand Pape qualifiait de *jardin de la Chrétienté*, et dont on admirait les lumières et les vertus ? Comment a-t-elle perdu tout son éclat ? Celle qui était libre, est devenue esclave : tout ce qu'elle avait de plus précieux lui a été enlevé. Ses temples, les mystérieuses cérémonies de sa Religion sainte, sont devenus l'objet du mépris et des railleries de ses ennemis : ils se réjouissent de l'état d'avilissement où ils l'ont réduite. Tous ses ennemis ont ouvert la bouche contre elle ; ils ont grincé des dents, et ils ont dit : nous la dévorerons ; voici le jour que nous attendions.... Le Seigneur lui-même s'est déclaré son ennemi : il a fait ce qu'il avait résolu depuis long-temps ; il a frappé de malédiction et l'autel et le sanctuaire ; il a fait oublier les fêtes, les solemnités et les jours de sabbat ; il a livré les prêtres à l'opprobre. A qui vous comparerai-je, ô fille de Sion ? Où trouverai-je quelque chose d'égal à vos maux ? Leur débordement ressemble à celui de la mer: comment vous consolerai-je ? Vos iniquités, portées à leur comble, avaient lassé la patience du Seigneur : sa colère a éclaté ; il vous a traitée sans ménagement ; il vous a rendue le jouet de vos ennemis, et il a relevé la force de ceux qui vous haïssaient. Faites couler de vos yeux un torrent de larmes ; ne vous donnez point de relâche.

L'Histoire nous apprend, dit S. Cyprien, que, dans les temps même du plus grand relâchement, Dieu se réserve de fidèles serviteurs, qui lui rendent ce qu'ils lui doivent. Quoique la vigueur évangelique et l'ardeur de la foi soient étrangement affaiblies dans ces tristes momens, rendons graces à Dieu : il est encore des évêques, des curés, des prêtres, qui non-seulement se soutiennent au-milieu de ces ruines et de ces naufrages, mais qui défendent avec force et avec zèle l'honneur de la majesté divine, et la dignité sacerdotale. Il est des fidèles qui ne se laissent point intimider par les profanations des lieux saints, ni affaiblir par l'exemple des transgresseurs de la loi. Entrez, comme eux, dans les sentimens de Mathathias et de ses fils. Pénétrés de douleur du renversement de la Religion, de l'horrible profanation du saint temple consacré à Dieu, déplorez le malheur d'avoir été réservés pour être témoins de tant de maux. Aujourd'hui, comme alors, le regne de l'orgueil s'est affermi : c'est ici un temps de châtimens et de ruine, d'indignation et de colere. . . .

Quatrième moyen. Ce n'est pas assez de déchirer ses vêtemens, des pousser des cris vers le Ciel : il faut prouver, par ses œuvres, que ces signes extérieurs de pénitence ne sont que la vive expression d'un sentiment intérieur, et de la foi qui nous anime. Que notre douleur n'ait pas seulement pour objet le dehors, et, pour-ainsi-dire, le corps de la Religion. Regrettons principalement ce qui en fait l'ame et l'esprit. Ce serait peu de déplorer la profanation des temples matériels : il en est, aux yeux des enfans de la loi nouvelle, de bien plus précieux, dont la profanation doit exciter plus vivement nos regrets et nos larmes. Ces temples, ces autels, ce sont nos ames. Eh ! ne sommes-nous pas les vrais temples vivans de l'Esprit-Saint ? . .

Voulons-nous, M. F., que Dieu prête une oreille attentive à nos demandes, qu'il nous exauce dans ces momens d'orage et de périls, n'envisageons que sa gloire, que la sainteté de son nom. Voulons-nous triompher des efforts de nos ennemis, invoquons sans cesse celui qui peut renverser, d'un souffle de sa bouche, cette foule d'impies qui le blasphêment.... Dans le délire de son orgueil et de sa colere, Antiochus veut détruire Jérusalem, et en faire le tombeau des Juifs : ce meurtrier, ce blasphémateur, frappé d'une horrible playe, finit sa vie par une misérable mort. Les impies de nos jours veulent détruire l'Eglise : nous les

les verrons se briser contre la pierre angulaire qui en soutient l'édifice. Attendons les momens de Dieu avec une parfaite résignation : ne déshonorons pas une si belle cause par la défiance, par la présomption, par l'asservissement à nos passions déréglées. Soyons fermes et inébranlables dans la profession que nous faisons du Catholicisme : *teneamus confessionem indeclinabilem.* L'épreuve ne sera pas de longue durée...

Nous sommes privés de la consolation d'offrir et de célébrer les divins mystères, vous êtes privés vous-même de la participation aux choses saintes... Mais consolez-vous, dit saint Augustin : croyez fermement, aimez ardemment, et vous aurez participé au corps et au sang de J. C. : *crede, et manducasti.* Vous vous plaignez, et avec raison, des difficultés que vous éprouvez dans ces momens critiques, pour assister au S. sacrifice de la messe... Bénissez Dieu, et admirez sa justice, qui vous fait expier, par cette privation, l'abus que vous avez fait de cette grace. La multiplicité des messes était dans nos églises un vrai scandale, par la manière dont elles étaient communément célébrées et entendues. Suppléez-y maintenant par l'amertume de vos regrets, autant que par la vivacité de votre foi et l'ardeur de votre charité ; transportez-vous en esprit jusqu'au thrône de l'Agneau, jusqu'à l'autel sublime du Ciel : offrez à Dieu le corps de J. C., en vous unissant à J. C. comme souverain prêtre, et au ministre qui le représente pour opérer visiblement ce mystère sacré, en quelque leu qu'il l'opère.

Votre foi est alarmée à la vue de tant de Chrétiens que la mort moissonne sur un lit de douleur, hélas ! sans la moindre consolation, sans aucun secours spirituel. La privation des sacremens, à la mort, vous paraît un grand malheur : c'en est un en effet, et vos alarmes sont très-légitimes. Mais vous ne devez pas ignorer les vrais principes sur cette matière. Tout ne dépend pas de la reception des sacremens, à la mort : on n'est point sauvé, même avec les sacremens, sans une véritable conversion du cœur ; et vous savez combien peu on doit compter sur la conversion de la plûpart des mourans. Nous leur donnons la pénitence, disait S. Augustin, nous leur accordons la réconciliation, mais nous ne leur donnons pas l'assurance du salut : *pænitentiam damus, securitatem non damus.* Il n'en est pas ainsi du juste qui a vécu de la foi, et qui meurt privé des sacremens. La charité, qui règne dans son cœur, suffit, avec le désir sincère de les recevoir, pour assurer son salut. Ce principe, aussi incontestable que consolant, doit suffire pour calmer vos craintes et dissiper vos inquiétudes. Je sais qu'on ne saurait prendre trop de précautions, lorsqu'il s'agit d'un intérêt aussi essentiel que l'est celui de l'éternité : *nulla satis magna securitas, ubi periclitatur aeternitas.* Mais il ne faut pas attendre à la mort pour les prendre, ces précautions. La bonne mort est la suite d'une vie chrétienne, et la vie n'est vraiment chrétienne, qu'autant qu'elle est animée et soutenue par la charité, qui fait la disposition dominante du cœur. C'est la charité seule qui honore Dieu dignement ; Dieu ne récompense et ne couronne que la charité.

Votre piété est affligée de l'espèce d'abandon où on laisse les morts ; je dis plus, de l'indifférence cruelle qu'on fait paraître à l'égard des précieux restes de notre mortalité : les funérailles se font sans l'intervention des ministres de votre culte. Un peu de réflexion doit vous tranquilliser. Il suffira de vous rappeller sur ce sujet celle que fait S. Augustin. « Les pompes funèbres, dit ce Père, le nombreux cortège qui accompagne les corps des défunts à la sépulture, les soins qu'on prend pour en relever l'appareil, et leur construire de riches monumens, sont une espèce de soulagement pour la douleur des vivans, mais ne sont point des secours pour les morts : *vivorum sunt qualiacumque solatia, non adjutoria mortuorum* ». Il faut, sans doute, respecter et honorer ces chères dépouilles de nos proches, de nos amis, de nos frères en J. C. La nature, autant que la religion, nous en fait un devoir. Mais c'est principalement du soulagement de leurs ames que nous devons nous occuper. Car « il ne faut pas douter, dit encore S. Augustin, que les prières de la sainte Eglise, le sacrifice salutaire, les aumônes qu'on fait pour les morts, ne leur soient d'un grand secours, pour obtenir du Seigneur qu'il les traite avec plus de clémence qu'ils ne l'avaient mérité par leurs péchés ». Or ce secours ne peut manquer à aucun de ceux que l'Eglise regarde comme ses enfans. Cette tendre mère ne cessera jamais de prier pour eux. Tous ceux qui ont le bonheur d'avoir été régénérés en J. C. sont égaux à ses yeux, et elle les regarde tous comme ayant le même droit à son souvenir et aux suffrages de ses prières.

Pour animer votre foi, pour soutenir votre confiance, je vous exhorte, M. F., à méditer souvent les saintes Ecritures : faites-en chaque jour vos chastes délices ; lisez-les avec cet esprit de piété qui doit toujours accompagner la lecture des livres saints ; vous y trouverez, non-seulement de quoi confondre les ennemis de l'Eglise, mais encore de quoi vous affermir très-solidement dans les principales vertus du christianisme : tout y respire l'humilité, la confiance en Dieu, la défiance de ses propres forces, la nécessité et l'efficace de la prière. Lisez sur-tout, dans ces temps malheureux, les livres des Macchabées. Vous y apprendrez à combattre les puissances des ténèbres, non avec des armes matérielles, mais par la ferveur et la sainteté de vos prières : *non ferro pugnando, sed precibus sanctis orando.*

Les rois de Syrie avaient résolu de détruire la religion des Juifs. Ces princes impies firent tous leurs efforts pour exécuter ce dessein, en empêchant l'exercice du culte extérieur, et faisant cesser dans les temples les sacrifices qu'on y offrait au vrai Dieu. Nos impies modernes s'y prennent de la même manière pour anéantir la Religion de J. C. : ils en interdisent ou en empêchent par voies de fait l'exercice public ; ils font cesser la célébration du S. Sacrifice de l'autel ; ils profanent et renversent les églises chrétiennes. Ils ne sont pas moins ennemis de l'esprit de cette Religion sainte ; ils font régner la cupidité, et étouffent dans les ames la charité, qui est, selon S. Augustin, le grand culte des Chrétiens : *non colitur Deus nisi amando.* Nous ne pouvons résister à leurs attaques, que comme les Macchabées résistèrent à tous les efforts des ennemis d'Israël. Le jeûne, la prière, l'humble aveu de nos fautes, la reconnaissance de notre faiblesse et du besoin de l'assistance divine, la ferme confiance en Dieu, sont les armes les plus puissantes pour les repousser.

Vous ne lirez pas sans émotion, ni sans le plus vif intérêt, l'histoire de ces généreux défenseurs de la loi de leurs pères. Puissent leurs exemples, en vous pénétrant d'admiration, ranimer votre zèle et votre courage. Ah ! vous ne verrez pas un Mathathias, un Eléazar, les sept jeunes frères Macchabées et leur admirable mère, souffrir avec une constance invincible les tourmens les plus inouis pour la défense des loix de Dieu, sans être embrasés d'amour pour lui, et du desir de lui témoigner la même fidélité ; sans être excités à faire les plus grands sacrifices, et même celui de votre vie, plutôt que d'abandonner cette divine Religion dont J. C. est l'auteur. Une pensée bien consolante et bien propre à vous encourager et à vous soutenir au-milieu des assauts qu'on lui livre, c'est que ni la vieillesse, ni le jeune âge, ni la faiblesse du sexe, ne peuvent nuire à ceux que Dieu soutient par sa grace, et en qui il a résolu de faire éclater sa toute-puissance. Une autre vérité que vous ne devez jamais perdre de vue, c'est que toutes ces divisions, toutes ces guerres, ces combats, ces mouvemens extraordinaires, ces secousses si violentes, qui ébranlent en ce moment tous les Etats de l'Europe et presque l'univers entier, ont des ressorts invisibles, bien différens de ceux que les yeux de la politique et de la sagesse du siècle croient y voir. N'en cherchez point la cause dans les hommes : remontez à la véritable origine, qui sont les desseins de miséricorde et de justice, pour l'exécution desquels Dieu permet tant de grandes agitations. Il est de foi qu'il fait tout dans ce monde par rapport à son Eglise, et à ses élus qui sont dans l'Eglise : jamais il ne retire sa miséricorde de dessus eux : *numquàm a nobis misericordiam suam amovet.* Nous sommes son peuple, et au-milieu des maux dont il nous afflige pour nous châtier, il ne nous abandonne pas ; il nous soutient par la puissance de sa grace. La multitude des infidèles et des faux-frères n'empêchera point qu'il n'arrête ses yeux sur nous. Parmi cette foule de maux qui ravagent l'Eglise et bouleversent la terre, les élus, quoiqu'en petit nombre, demeurent fermement attachés à Dieu ; ils sont toujours prêts à donner leur vie pour sa gloire et pour son Eglise, toujours immobiles dans leur charité et dans l'amour de la vérité, toujours paisibles au-milieu des troubles qui les environnent, toujours dépendans de la bonté de celui qui les soutient également dans la prospérité et dans l'adversité, toujours humbles, en quelque état qu'ils se trouvent, d'affliction ou de joie.

Je ne puis mieux, M. F., terminer cette lettre, qu'en vous mettant sous les yeux l'excellente prière de Daniel, où il s'humilie si profondément dans la vue de ses péchés et de ceux de son peuple : il n'en fut jamais de plus analogue aux circonstances présentes. Fasse le Ciel, qu'en la lisant, vous soyez pénétrés des sentimens d'humilité et de contrition qui animaient le prophête, et que l'Esprit-Saint, qui y parle par la bouche de cet homme de desirs, produise dans vos cœurs cet humble piété qui caractérise l'ame fidèle.

« Nous avons péché, Seigneur, dit-il, nous » avons commis l'iniquité ; nous avons fait » des actions impies ; nous nous sommes ré-

» tirés de vous, et nous nous sommes détour-
» nés de la voie de vos préceptes et de vos
» ordonnances. Nous n'avons point obéi aux
» prophêtes vos serviteurs, qui ont parlé en
» votre nom à nos rois, à nos princes, à nos
» pères et à tout le peuple. La justice est à
» vous, ô Seigneur; et, pour nous, il ne
» nous reste que la confusion de notre visage
» qui couvre aujourd'hui. . . . tous les enfans
» d'Israël, et ceux qui sont près, et ceux qui
» sont loin, dans tous les pays où vous les
» avez chassés, à cause des iniquités qu'ils
» ont commises contre vous. Mais, à vous,
» qui êtes notre Seigneur et notre Dieu, ap-
» partient la miséricorde et la propiciation :
» car nous nous sommes retirés de vous, et
» nous n'avons point écouté la voix de notre
» Seigneur et de notre Dieu, pour marcher
» dans la voie qu'il nous avait prescrite. . . .
» Tout Israël a violé votre loi. . . Le Seigneur
» a accompli ses oracles, qu'il avait pronon-
» cés contre nous et contre nos princes qui
» nous ont jugés, pour faire fondre sur nous
» ces grands maux qui ont accablé Jérusa-
» lem, et auxquels on n'a jamais rien vu de
» semblable sous le Ciel. . . . Que votre colère
» et votre fureur se détournent de votre cité
» de Jérusalem et de votre montagne sainte;
» car Jésusalem et votre peuple sont aujour-
» d'hui en opprobre à toutes les nations qui
» nous environnent, à cause de nos péchés et
» de l'iniquité de nos pères. Et maintenant,
» Seigneur, écoutez les vœux et la prière de
» votre serviteur. Montrez, pour l'amour de
» vous-même, un visage propice à l'égard de
» votre sanctuaire, qui est désert. Abaissez,
» Seigneur, votre oreille jusqu'à nous : ou-

» vrez les yeux, et voyez notre désolation et
» l'état de cette ville qui a porté votre nom ;
» car ce n'est point dans la confiance en notre
» justice, que nous vous offrons nos prières,
» en nous prosternant devant vous ; mais c'est
» dans la vue de vos grandes miséricordes.
» Exaucez-nous, Seigneur ; appaisez votre
» colère, etc. » *Exaudi, Domine ; placare, Domine ; attendez et fac, ne moreris, prepter temetipsum, Deus meus.* Dan. IX.

DERNIER DISCOURS DE M. BRUGIÈRE,

Prononcé le Dimanche de Quasimodo, *an XI.*

Faites toutes choses sans murmures et sans disputes, afin que vous soyez irrépréhensibles et sincères ; et qu'étant enfans de Dieu, vous soyez sans tache au-milieu d'une nation dépravée et corrompue.

Philippiens, *chap.* 2, *n.* 14.

LE murmure, dit S. Chrisostôme, n'est pas seulement la marque d'une ame basse et servile, il est aussi toujours accompagné d'ingratitude. Quiconque murmure dans la persécution et dans les mauvais traitemens, accuse en effet la justice de celui qui les lui envoie. L'homme qui murmure et qui se plaint des fléaux dont Dieu le châtie, s'estime plus sage que Dieu lui-même. En agir ainsi, c'est s'élever contre l'oracle de la sagesse éternelle. Voici comme l'Esprit-Saint s'en explique par la bouche de l'Ecclésiastique : « Acceptez de bon cœur tout ce qui vous arrivera ; demeurez en paix dans votre douleur, et, au temps de votre humiliation, conservez la patience ». Animé du même esprit, le grand Apôtre tenait le même langage aux Philippiens. « Faites toutes choses sans murmures et sans disputes, afin que vous soyez irrépréhensibles et sincères ».

Pouvais-je, M. F., dans la circonstance pénible où nous nous trouvons vous et moi, vous donner des leçons plus salutaires, et vous proposer des maximes plus analogues à la peine qui nous accable réciproquement, plus propres à en adoucir toute l'amertume? Nous touchons à l'instant fatal qui doit nous séparer, pour la quatrième fois ; et, selon toutes les apparences, ils est plus que probable que nous n'aurons plus le précieux avantage de nous réunir ici-bas. C'est un hommage à rendre à votre sensibilité : le nouvel ordre de choses qui s'établit, paraît jetter l'alarme dans la plûpart des consciences, et troubler nécessairement la paix et le calme qui doit régner dans des cœurs chrétiens et dans des esprits raisonnables. Combien je serais coupable (et ne serais-je pas en effet prévaricateur de mon ministère), si je gardais le silence? Il est de mon devoir de dissiper vos craintes ; pour y réussir, je vais mettre sous vos yeux succinctement les principes connus et avoués dans cette matière. Deux objets essentiels vont fixer toute votre attention : la nouvelle organisation du clergé, qui nous déplace arbitrairement, sans respect pour les formalités établies dans l'Eglise, de temps immémorial, et qui nous exclud de l'exercice public du ministère : la concession de ce temple à l'Eglise consistoriale de la Religion prétendue réformée, établie à Paris. Si le Ciel favorise mes efforts, j'ai la confiance que je parviendrai à calmer vos inquiétudes, à arrêter vos plaintes et vos murmures, à vous faire respecter et adorer la main de Dieu qui permet ces évènemens pour l'exécution de ses desseins sur son Eglise, la gloire de son nom et la sanctification de ses élus. Recevez, cette instruction, M. T. C. F., comme le gage de tout l'attachement que je vous ai voué, comme la garantie de mes sentimens, et la preuve certaine du désir ardent de contribuer à votre bonheur, en écartant de vos esprits et de vos cœurs tout sujet de crainte et d'inquiétude.

L'état de la Religion chrétienne sur la terre n'est qu'un état précaire, qu'un état passager : sa fin principale est de détacher les hommes des choses d'ici-bas, et de leur faciliter les moyens de parvenir à la possession du souverain bien, dont chaque homme porte dans son cœur le desir le plus ardent, le vœu le plus empressé. Le vrai Chrétien n'a point ici-bas de cité permanente; chaque jour, dans l'effusion de son cœur, il voit, il salue de loin les biens qui lui sont promis, confessant qu'il est étranger et voyageur sur la terre. La société des Chrétiens est un traité de voyageurs qui font route pour arriver à leur patrie.

L'Eglise ou la société des fidèles ne faisant que passer ici-bas, a demandé le passage au propriétaire des terres qu'elle a voulu traverser. Pour cet effet, elle s'est soumise à des conditions que lui a imposées le propriétaire, comme le propriétaire a adopté les réglemens qui la régissent. Cette espèce de contrat met donc nécessairement l'Eglise sous la dépendance et sous l'inspection du Gouvernement qui lui accorde le passage sur son territoire. Rien de ce qui se passe dans l'administration de la société religieuse ne doit être ignoré du Gouvernement civil; il en doit diriger les vues et les démarches, seconder tout ce qui peut tendre au bien général, et réprimer tout ce qui peut l'altérer ou en arrêter le cours.

Cette inspection est indispensable, et elle importe essentiellement au bonheur des individus et à la tranquillité publique. Cette inspection a pour objet tout ce qui concerne le culte extérieur ; elle s'étend même sur la doctrine. Le culte divin consiste principalement dans les prières publiques, dans l'assistance aux instructions, et dans la participation aux sacremens. J. C. a institué la prière publique ; et l'Histoire-Sainte nous apprend que les apôtres et les autres disciples l'ont toujours pratiquée et recommandée. Si l'Eglise se fût bornée à la prière que le Sauveur a consignée dans son évangile, si les fidèles n'en employaient point d'autres, l'inspection du magistrat politique sur les assemblées destinées à la prière, se bornerait à y maintenir l'ordre et la décence ; mais l'Eglise, pour célébrer les louanges de Dieu, lui rendre des actions de graces, lui en demander de particulières, et implorer sa miséricorde, suivant les temps et les circonstances, a jugé à propos de composer des livres liturgiques, des Bréviaires, des Rituels. Ces livres liturgiques, ces Bréviaires, ces Rituels, ne sont ni l'ouvrage de J. C., ni des Apôtres ; ils sont somposés en partie de morceaux tirés de l'Ecriture, des passages des SS. Pères, et d'ouvrages de simples particuliers. Ils sont bien les instrumens dont on se sert pour accomplir le précepte de la prière. Comme ces instrumens ont été fabriqués par des hommes, ils sont soumis à l'inspection de la puissance civile : elle doit être instruite, dans le plus grand détail, de tout ce qui se passe à toutes les assemblées des citoyens, et réformer ce qu'il y a de contraire ou de préjudiciable à sa police. Il faut, sans doute, des prières publiques ; mais il y a mille façons de remplir ce devoir, et le Gouvernement a droit d'adopter celles qui lui conviennent, et de proscrire celles qui ne lui conviennent pas.

Que de preuves je pourrais accumuler pour faire voir de quelle importance il est que le magistrat ait les yeux ouverts sur la forme extérieure et sur l'objet de la prière publique ! A combien de troubles, à combien de séditions, n'ont pas donné naissance certaines formules introduites par les ennemis de la paix ? Combien de fois n'a-t-on pas entendu, dans nos Eglses, des vœux criminels ?

Le droit d'inspection sur les instructions, n'est ni moins certain, ni moins intéressant. Il n'appartient qu'à l'Eglise exclusivement de conférer, par ses ministres, le pouvoir d'annoncer et d'expliquer les vérités évangeliques.

L'enseignement et la connaissance de ces vérités est l'unique guide qui nous conduit dans notre pélérinage : c'est à l'Eglise qu'il appartient de distribuer cette nourriture spirituelle, à ses membres. L'Eglise, telle que J. C. l'a instituée, ne peut pas subsister sans enseïgnement, sans exhortations, en un mot sans prédications : mais comme cette portion du ministère sacré ne saurait s'accomplir que par des actes extérieurs sur lesquels la puissance spirituelle n'a aucun domaine, elle est tout entière du ressort du pouvoir politique.

D'ailleurs s'il est nécessaire, dans l'ordre de la foi, dans l'ordre du salut, qu'il y ait en général des prédicateurs, il n'est pas nécessaire que ce soit tel homme nommément qui soit chargé de cette fonction, il est seulement nécessaire qu'elle soit remplie par un ministre instruit des vérités qu'il est chargé d'annoncer ; qui, connaissant les bornes de sa mission, n'en abuse pas ; qui, sous prétexte d'instruire ses auditeurs, des devoirs du christianisme, ne leur insinue pas une doctrine contraire aux vues du Gouvernement, une doctrine séditieuse; et qui enfin, à force de répandre et d'imprimer l'erreur dans les consciences, ne porte point les sujets à la désobéissance et à la revolte.

Nous ne pouvons nous le dissimuler : une trop fatale expérience nous apprend qu'il s'en faut bien que tous ceux qui sont envoyés pour distribuer le pain de la parole, soient inspirés de l'esprit saint, de l'esprit de concorde, de l'esprit de l'obéissance due aux Gouvernemens, et tant recommandée par l'Ecriture. Tout le monde se rappelle avec horreur les flots de sang qu'ont fait couler les sermons séditieux : elles sont sans nombre les pièces qui attestent les abus épouvantables qui se sont commis sous le prétexte d'enseigner la parole de Dieu : toutes les pages de l'Histoire en sont pleines : et si ces temps malheureux ont disparu, les écarts fréquens des prédicateurs, dont nous sommes encore témoins, ne nous font que trop sentir combien il est important pour l'utilité et pour le repos public, que le magistrat ait toujours l'œil ouvert et attentif sur les instructions qui se donnent aux fidèles, sur les vues et sur le caractère de ceux qui exercent cet emploi. Il est vrai que l'Eglise, cette Sainte-Mère, réclame perpétuellement contre les excès et les abus qui se commettent en ce genre sous son nom : et s'il arrive malheureusement que les pasteurs supérieurs soient eux-mêmes entachés des principes que les prédicateurs séditieux osent soutenir dans la chaire de vérité; s'ils abusent de leur place pour autoriser le scandale, au-lieu de le reprimer, que peut faire l'Eglise, qui n'a aucun pouvoir coactif pour fermer la bouche de ces effrénés ? Elle attend le secours de la puissance civile pour arrêter un mal que ses ennemis lui reprochent, et qui est un des prétextes dont ils colorent leur rébellion. Ils confondent l'Eglise et le Clergé qui lui-même accrédite cette confusion ; et, par cette équivoque sans cesse répétée, donne lieu aux esprits peu attentifs, d'attribuer au Corps entier, ce qui n'est que l'ouvrage de ceux qui le représentent.

Les Gouvernemens ont donc le droit incontestable d'interdire la parole aux prédicateurs qui en abusent, ou donnent lieu de craindre qu'ils ne viennent à en abuser. Tout les invite à faire usage de ce droit : le bien de leurs sujets, qui est l'unique objet de leur puissance ; l'intention et les souhaits de l'Eglise, à laquelle ils ont promis leur protection contre les désordres qui peuvent la troubler et la défigurer. L'Eglise est un Corps ; aucun Corps ne peut subsister sans une discipline extérieure : il faut donc qu'elle ait un rit ; parce qu'il est nécessaire qu'elle ait un culte. L'Eglise est une société ; il faut donc qu'elle ait des règles de conduite extérieure, pour entretenir l'union entre ses Membres, et qu'elle leur donne des signes auxquels ils puissent se reconnaître et se rallier : ces actes extérieurs caractérisent le chrétien, et entretiennent le commerce entre les enfans de l'Eglise. Mais ces actes extérieurs, mais ce culte, mais cette discipline, ne doivent renfermer aucune pratique incompatible avec la tranquillité publique. Tout acte extérieur, introduit ou proposé par les ecclésiastiques, qui ne s'accorde pas avec l'harmonie civile, ne dérive point de l'esprit du Christianisme : cet esprit ne respire que la paix, l'union et la concorde, tant intérieure qu'extérieure ; il établit la charité comme base de toutes les vertus. Quand j'aurais toute la foi possible, jusqu'à transporter les montagnes, disait S. Paul, si je n'ai la charité, je ne suis rien.

L'Eglise a reçu, de son fondateur et des apôtres, tous les réglemens absolument nécessaires pour la sanctification des fidèles : elle a présenté ces réglemens ; lorsqu'elle a demandé passage, elle les a mis sous les yeux du propriétaire des terres qu'elle voulait traverser. Le propriétaire les a adoptés et pris sous sa protection : mais il n'a adopté que ceux-là, ou peut-être quelques-autres encore, mais déterminés par la primitive Eglise, et insérés dans ses canons. Mais si le Corps ecclésiastique a fait, postérieurement, des décisions sur la discipline, il en est plusieurs qui n'ont pu être exécutés que du consentement exprès ou tacite du Gouvernement politique.

Nul doute que les sacremens ne soient d'institution divine : mais l'Eglise, ou plutôt les Pasteurs ont ajouté, dans la forme de l'administration, plusieurs réglemens de discipline. Ce qui est d'institution divine, fait partie de la foi, et doit rester à jamais intact ; mais ce qui est d'institution humaine, n'est pas absolument nécessaire au salut, et doit par conséquent dépendre des circonstances des temps et des lieux. Les Souverains ont droit de l'examiner, avant d'en permettre l'usage ; ils ont droit de le rejetter, s'il leur porte ombrage, et leur présente des conséquences incompatibles avec la paix de leur Etat et le bien

de

de leurs sujets ; ils peuvent également l'abolir, quand l'usage s'en est introduit insensiblement, et sans leur participation ; ou même, quand ils l'ont permis expressément, si l'expérience leur fait découvrir du danger à le conserver.

J'ai dit enfin, que l'inspection du Magistrat politique s'étend jusques sur le dogme ; non que ce droit le rende juge des vérités que l'Eglise enseigne ; il n'en peut prendre connaissance en qualité de magistrat, qu'en ce qui intéresse l'ordre de la société. Quoique la foi soit purement spirituelle, quoiqu'elle ne réside que dans l'ame et dans le cœur, parce qu'elle n'est que le fruit de la grace et de la persuasion, elle n'en est pas moins du ressort du magistrat politique, et il a le droit d'étendre ses soins sur ce qui est purement dogmatique. Ce droit est certain : il est incontestable. J. C. n'a-t-il pas expressément reconnu, dans Pilate, une autorité qui lui avait été donnée d'en-haut sur lui-même ? Dans le temps même du jugement le plus injuste, J. C. n'a-t-il pas satisfait à tout ce que Pilate pouvait exiger de lui, à raison de l'autorité civile dont ce magistrat était revêtu ? Il l'instruit de son pouvoir, de ses droits, de sa qualité, de ses fonctions, de son royaume : et c'est en cela, dit S. Pierre, que J. C. veut être le modèle de la soumission que nous devons à ceux qui nous gouvernent. Qui ne connaît la conduite de S. Paul par rapport au Magistrat Romain ! Il s'agissait absolument de religion entre lui et les Juifs : le grand Apôtre ne fait aucune difficulté d'instruire le proconsul de tout ce qui pouvait, même à cet égard, intéresser l'ordre public ; et au-lieu de décliner la jurisdiction de César, c'est à son tribunal qu'il se constitue pour y répondre sur tout ce qui pouvait avoir rapport à cet ordre. C'est dans ce même esprit, que, pendant plus de trois cents ans de la persécution la plus vive, les chefs de la Religion n'ont jamais fait difficulté d'en rendre compte aux princes même infidèles. On est surpris de voir dans une des plus belles apologies du Christianisme, adressée aux empereurs Antonin et Marc-Aurelle, le détail qu'y fait S. Justin, martyr, de la doctrine, des usages, des mœurs, des assemblées et des prières de l'Eglise. D'après ces exemples, on peut donc assurer que le Magistrat politique a le droit, qu'il est même dans l'obligation de veiller sur ceux qui enseignent les mystères, de les contenir, de les punir, s'ils annoncent quelque chose qui soit opposé à la croyance que l'Eglise apporta dans l'empire en y entrant.

Il est vrai qu'il n'appartient qu'à l'Eglise de prononcer, avec autorité, sur la doctrine; mais il n'est pas moins vrai que le prince doit arrêter dans ses Etats la publication d'un dogme nouveau, qu'il juge, par les lumières de la raison, contraire à la doctrine consignée dans les livres saints et dans la tradition; ou du moins qu'il lui semble s'en écarter, soit dans les principes, soit dans les conséquences, sur-tout quand il est manifeste que ces nouveautés sont annoncées par des hommes qui n'ont aucun caractère d'infaillibilité. Nous en avons un exemple bien frappant dans notre Histoire. Luther et ses partisans annoncèrent des propositions opposées à la foi catholique, sur la transubstantiation : François Premier convoqua une assemblée de théologiens, pour discuter le nouvel enseignement, et rappeller la vraie foi. L'assemblée détermina clairement, dans un décret, l'ancienne croyance de l'Eglise, et ce qu'on devait penser de la doctrine de Luther. François Premier fit examiner ce décret dans son conseil. Cet examen n'était point hors de la compétence du souverain et de son conseil : il ne s'agissait pas de fixer un nouveau dogme, mais seulement de voir si les articles proposés par les théologiens renfermaient la foi que l'Eglise avait apportée dans l'Etat, que le magistrat politique avait reconnue et admise, et à laquelle il s'était engagé de donner sa protection. Après qu'on eut comparé, dans le conseil, les articles du décret avec la croyance dans laquelle on avait vécu jusqu'alors, François Premier fit une déclaration par laquelle il annonce que ces articles ont été trouvés, par son conseil, entièrement conformes à la doctrine catholique ; et il ordonne qu'ils seront publiés et enseignés par-tout le royaume.

Lors donc que le souverain porte ses regards sur les articles de la foi qu'on enseigne ; lorsqu'il marque ce qui doit être prêché, et qu'il ordonne que l'on se conforme à la croyance reçue et pratiquée, loin de passer les bornes de son pouvoir, il rend à l'Eglise ce qu'il lui doit comme protecteur, et garantit en même temps son Etat des troubles que ne manquent jamais d'exciter les nouvelles opinions doctrinales. Il peut et il doit aller encore plus loin : il est obligé, lors même que les pasteurs en corps ont prononcé une opinion dogmatique, d'examiner, non pas le dogme en lui-même, mais la forme dans laquelle il a été arrêté, et la nature de l'assemblée qui a porté la décision. C'est ce qui est arrivé parmi nous à l'occasion du concile de Trente : on a examiné les décrets de discipline et de doctrine ; et il est résulté de l'examen qu'on en a fait, que le concile, dans sa formation, dans sa tenue, dans son acceptation, n'a pas les caractères de l'écuménicité ; et qu'il n'est recevable ni quant à la doctrine, ni quant à la discipline. La pratique de ce pouvoir exercé par le magistrat politique ne porte aucune atteinte à celui d'enseigner, que les évêques et les autres pasteurs tiennent de l'Eglise. Les évêques et les autres pasteurs ne sont en effet que les ministres de l'Eglise, qui sont chargés de faire ce que le corps de l'Eglise ferait lui-même, s'il pouvait agir. Il ne faut pas croire qu'en fait d'enseignement, les pasteurs et l'Eglise soit la même chose. L'Eglise définit et enseigne le dogme ; le souverain l'adopte, et impose la nécessité d'une soumission extérieure à ce qu'elle fait enseigner par ses ministres. C'est un fait constant, qu'en France le Gouvernement a toujours présidé, d'une manière plus ou moins directe, à la conduite des affaires ecclésiastiques.

D'après cette exposition sommaire des droits respectifs du Sacerdoce et de l'Empire, jugez, M. T. C. F., si vous pouvez légitimement vous livrer à des plaintes et à des murmures, sur le déplacement forcé qu'exige la nouvelle organisation du clergé ; jugez si ce déplacement n'est pas de la compétence de l'autorité civile. Les maux violens exigent de violens remèdes. Eh ! quels maux plus violens, que ceux dont nous avons eu à gémir pendant douze ans, dont nous gémissons encore, dont gémirons nos derniers neveux, lorsque l'histoire leur apprendra que le schisme déplorable qui nous a désolé, n'avait sa source que dans les folles prétentions d'une Cour orgueilleuse, l'ignorance des vrais principes, et surtout l'asservissement du haut clergé, et son attachement à ses immenses richesses !

La sagesse qui préside au conseil du Gouvernement, ou plutôt la Provience qui veille d'une manière toute particulière, sur notre Eglise, cette portion, si célèbre autrefois, de l'Église universelle, a inspiré un moyen extraordinaire et inusité, il est vrai, mais peut-être le seul propre à réunir tous les esprits et tous les cœurs. Est-il un bon esprit, un esprit judicieux, qui puisse raisonnablement s'y refuser, sur-tout quand on sait que l'amour de l'ordre, l'amour de la paix, l'horreur du schisme en sont les motifs déterminans ? Ne prêtez pas l'oreille à des expressions sans cesse répétées, et dont on cherche à s'étayer pour surprendre les faibles, et propager une espèce de fanatisme, ausi nuisible à la Religion qu'à la tranquillité publique. Vous entendez sans cesse crier au sacrilège, à l'usurpation, à l'injustice ; la suppression des titres, l'inamovibilité des bénéfices, excitent les plus grands regrets ; on invoque même le droit divin. Défiez-vous de ce langage, M. T. C. F. ; ce n'est là que le langage de la cupidité, de l'avarice, de l'ambition, de l'orgueil : il n'y a de divin que le sacerdoce, qui donne aux prêtres et aux évêques le pouvoir d'exercer les fonctions qui leur sont propres et particulières, et la grace de les exercer saintement. Ces titres, dont on fait tant de cas ; cette inamovibilité, qu'on fait sonner si haut, ne sont que des inventions humaines : les apôtres ne connaissaient d'autres titres que celui de serviteur de Dieu et de J. C. Les prêtres et les évêques ne sont de droit divin, qu'autant que les pouvoirs qu'ils exercent viennent immédiatement de J. C, le souverain pasteur, le pasteur des ames. La limitation, la distinction des évêchés, ne sont que des établissemens humains; la distribution des évêchés, des paroisses, dit le grand Bossuet, la restriction du pouvoir épiscopal et sacerdotal, dans un certain espace de terrein, ne sont pas de droit divin: la distinction des territoires n'est que la manière de fournir des sujets à l'exercice du pouvoir sacerdotal; cette limitation des territoires, et de ce qui en résulte pour l'exercice du ministère sacré, n'a pas été ordonné par Jésus-Christ immédiatement, et n'est pas par conséquent de droit divin. Qu'un tel soit évêque, ou qu'il ne le soit pas; qu'il conserve la dignité épiscopale, ou qu'il en soit privé; qu'il soit nommé à l'épiscopat, d'une manière ou d'une autre; qu'il exerce la puissance épiscopale, dans un lieu ou dans un autre, tout cela est abandonné aux loix humaines, qui sont sujettes à variation, sans préjudice de l'origine et de la source du pouvoir en lui-même. Il en est de même des curés: et, à cet égard en effet, il n'y a aucune différence entre les évêques et les curés: les uns et les autres sont revêtus d'un pouvoir divin qui, dans son exercice, dépend des loix humaines; et c'est par le ministère des hommes, que les uns et les autres sont préposés, soit à une paroisse, soit à un évêché.

Passons au second objet de ce discours: la concession que le Gouvernement a faite de ce temple, à l'Eglise consistoriale de la Religion prétendue réformée, établie à Paris.

Cette concession paraît alarmer votre foi, M. T. C. F. : plusieurs d'entre vous ne voient qu'avec peine la préférence que le Gouvernement a donnée à l'Eglise protestante : c'est une erreur de votre part, et vos craintes ne sont pas raisonnables. Le jugement que vous portez sur la préférence accordée aux protestans, ne repose que sur les fausses idées que vous vous faites de la liberté des cultes, qui, jusqu'à ce moment, n'avait été que purement illusoire. Quant à la concession de ce temple, il me paraît que le Gouvernement a fait un acte de justice. Tous les édifices nationaux, même ceux ci-devant consacrés au culte catholique, ne sont-ils pas à sa disposition? Tous les citoyens sont également l'objet de ses soins : il a rendu aux catholiques un grand nombre d'églises : les protestans sont des citoyens estimables, à qui le Gouvernement doit une égale protection. Et plût à Dieu, que, par cet acte de modération et de justice, il puisse leur faire oublier tout ce que leurs ancêtres ont souffert de persécutions et de cruautés, de la part d'un Gouvernement inquisitorial et cruel, qui s'érigeait en juge suprême des consciences! Et qui vous a dit que cet acte de justice, de la part du Gouvernement actuel, ne sera pas, dans les desseins de la Providence, un moyen efficace pour les ramener dans le sein du catholicisme, dont la plûpart ne sont éloignés que par le malheur de leur naissance, ou par la force des préjugés et de l'éducation?

La diversité des différens points de croyance qui nous séparent, le Gouvernement n'en fait point l'objet de ses discussions : la doctrine dogmatique n'est pas de son ressort. Le

Gouvernement ne voit dans les protestans, que des hommes religieux à leur manière, qui reconnaissent, comme nous, qu'on est citoyen avant d'être chrétien; et qu'en devenant chrétien, on ne cesse pas d'être citoyen; des hommes qui professent une religion qui recommande sur-tout l'amour de la patrie et l'obéissance à la puissance politique. D'ailleurs vous n'ignorez pas que nos églises n'ont d'autre destination que notre utilité commune : nous les élevons, à la vérité, à l'honneur de Dieu; mais c'est pour nous uniquement : ce sont des lieux de rassemblement, où, réunis dans les sentimens d'une même foi, nous venons faire violence au Ciel, pour attirer sur nous l'abondance de ses bénédictions et de ses graces. Pourquoi voudriez-vous que, sous la protection des loix, ils ne pussent pas jouir du même avantage? Ne sont-ce pas des hommes? Ne sont-ils pas nos frères en J. C.? Il est vrai que, malheureusement, ils professent une doctrine contraire à celle que J. C. et ses apôtres ont enseignée : mais, aux yeux même de notre foi, n'est-ce pas une assez grande punition, que d'être exclus de tout droit à la société des fidèles, comme chrétiens, et d'être par conséquent privés des biens spirituels de l'Eglise?

Mais, direz-vous, l'apôtre déclare aux Thessaloniciens, qu'ils doivent se retirer de la société de tout chrétien qui n'est pas dans la bonne voie : il recommande à Tite d'éviter tout hérétique, après lui avoir fait une ou deux reprimandes. Saint Jean va plus loin : il veut que les fidèles refusent aux hérétiques l'entrée de leur maison, et que même ils ne les saluent pas. Mais ces actes de communication, interdits par les apôtres, ne sont que des actes libres, dont la nécessité n'est imposée ni par le droit naturel, ni par le droit civil, ni par le droit des gens ; car tout ce qui est de nécessité imposée par l'un de ces trois droits, est dû à ceux qui sont séparés de l'Eglise. Aussi S. Paul prescrit l'obéissance envers les princes infidèles ; il défend à une femme chrétienne d'abandonner son mari idolâtre. Et S. Pierre enjoint aux esclaves fidèles la soumission à leurs maîtres infidèles ; parce que tous ces devoirs sont de nécessité. Mais, prenez-y bien garde, ce que disent les apôtres, n'est point ici un précepte, c'est un conseil. Le souverain Législateur n'a prescrit autre chose sinon de mettre au rang des payens et des publicains, ceux qui n'écoutent pas l'Eglise ; mais il n'a pas défendu de vivre en société avec eux : ce qu'ajoutent les apôtres n'est donc pas un ordre auquel on soit obligé de se conformer sous peine de damnation ; en effet on peut, plus difficilement il est vrai, mais on peut pratiquer toutes les vertus chrétiennes, et parvenir au salut, nonobstant les dangers que l'on court dans la fréquentation de ceux qui sont retranchés du sein de l'Eglise, et qui persistent dans la pratique des désordres qui leur ont mérité cette punition. S. Paul lui-même nous enseigne qu'un chrétien qui fréquente un infidèle, peut, par son exemple ou par ses exhortations, le ramener dans la voie du salut : c'est donc plutôt un acte de charité que l'on exerce envers ceux qui sont hors de l'Eglise, qu'une démarche indispensable pour le salut, que de les laisser dans un abandon flétrissant, dont la honte puisse les ramener à la récipiscence. Ces principes ne vous sont pas étrangers, M. T. C. F.; ils sont puisés dans nos saintes Ecritures, et nos saintes Ecritures vous sont familières. Dans la circonstance présente, il s'agit de régler notre propre conduite et nos sentimens personnels à l'égard de ceux qui se sont retirés des assemblées de l'Eglise catholique. Que la charité, qui est patiente et exempte de toute aigreur, dirige toutes nos démarches, et soit en tout le mobile de notre conduite. Pratiquons, à leur égard, la douceur chrétienne, qui est bienfaisante envers tous. La douceur chrétienne a son principe dans la charité; mais la charité agit en différentes manières; elle acquitte des devoirs qui se diversifient selon les lieux et les personnes. Nous devons la douceur chrétienne à tous les hommes, en quelque situation qu'ils se trouvent, et de quelque religion qu'ils soient. L'esprit du christianisme ne fait que des adorateurs par l'amour du devoir, et non par la crainte des mauvais traitemens. Les chrétiens ont à vivre avec tous les hommes; et, fussent-ils au milieu des loups, leur douceur doit être invincible. Ils font expresse profession d'aimer tous les hommes, et leurs ennemis mêmes: cet esprit est l'ame et le grand objet de la nouvelle alliance. On ne tue point; on ne maltraite point ceux qu'on aime et qu'on est oblige d'aimer. Depuis J. C., les prophéties et la loi sont accomplies. L'auteur de la grace et de la vérité n'a point apporté au genre-humain l'esprit de terreur, qui seul n'établit qu'une justice extérieure; mais l'esprit de charité, qui établit la douceur, la bienveillance, la paix, le règne de Dieu dans les cœurs. Les leçons du Sauveur, les exemples de ses disciples, ne permettent à aucun chrétien de se porter à aucune violence, à la vue des plus grands scandales, ni d'invoquer le feu du Ciel sur ceux qui traversent l'œuvre de J. C., et sur-tout de ne point tirer l'épée pour la défense de la foi, contre le Ministère public, contre le Gouvernement de l'Etat ; mais de regarder comme indissolubles les sermens qui attachent les chrétiens, ou à Tibère quoique payen, ou à Néron quoique persécuteur, ou à Julien quoiqu'apostat. Ni la fausse religion, ni l'irreligion, ne peut servir de titre à un particulier qu'elle afflige, pour attenter à la vie d'un autre particulier, moins encore à la vie d'un supérieur. Quand les premiers chrétiens se virent poursuivis par des loix injustes et inhumaines, leurs ressources furent la prière, la patience, la fuite ; jamais le schisme, jamais la rébellion, jamais les poignards. O célèbre Hennuyer, vénérable évêque de Lisieux, la postérité la plus reculée célébrera ta généreuse fermeté ; puisse ton exemple éclairer à jamais tes collègues dans l'épiscopat, et leur servir de modèle contre les fureurs du fanatisme religieux ! Faut-il, hélas ! que les pages de l'histoire du dix-huitième siècle soient destinées à être souillées par le récit de tant de forfaits ! Oh ! que le sanctuaire ne renfermait-il alors de nouveaux Hennuyer ! Ils se seraient immortalisés par la plus auguste des vertus, l'amour de la fraternité . . . Mais oublions au pied de cet autel tant d'outrages faits à l'humanité et à la Religion.

Ne croyez cependant pas, M. T. C. F., que cette douceur si recommandée dans les Livres saints, et qui a rendu le christianisme vraiment grand aux yeux de toute la terre, emporte l'obligation de penser que toutes les religions sont bonnes, et qu'on peut également se sauver dans toutes les sectes, et négliger la règle de la vérité pour avoir la paix : on doit tout sacrifier à la paix, hors la vérité, et la règle qui nous assure la vérité. Nous devons, sans doute, à tous ceux de nos frères qui se sont retirés de nos assemblées, ou qui persistent dans le schisme de leurs pères, la douceur et la bienséance que nous ne refusons pas même aux infidèles et aux juifs, ni aux grands pécheurs; mais quoique nous ne maltraitions ni les juifs, ni les infidèles, ni les mauvais chrétiens; quoique nous honorions, dans le schisme le plus consommé, les talens, la probité, l'honnêteté, et sur-tout le respect que plusieurs y conservent pour les premiers conciles, nous déclarons que l'erreur est incompatible avec la vérité; bien loin de maltraiter ceux qui l'abandonnent, nous les plaignons sincèrement; nous exerçons la douceur chrétienne, non-seulement envers ceux qui sont avec nous dans l'Eglise, mais encore envers ceux qui sont sortis d'avec nous : cette douceur n'excepte personne. L'Eglise a le droit et le pouvoir de condamner toute erreur, et de supprimer toute diversité d'opinions, dans la doctrine de la foi et des mœurs; mais nous ne sommes les juges ni de ses raisons, ni de ses délais : sa patience est le modèle et la mesure de la nôtre; c'est en elle une prudence pleine de charité, de montrer à ceux qui se trompent le dépôt de toute vérité, pour les ramener à l'unité et à l'uniformité de l'ancienne doctrine.

Je vous exhorte, M. T. C. F., à ne jamais perdre de vue la conduite que l'Eglise tient à l'égard de nos frères errans : ils sont toujours les chers objets de sa tendresse et de sa sollicitude. Imitez l'exemple que l'Eglise vous donne des deux grandes vertus qui la caractérisent : une grande prudence, une patience à toute épreuve. Hélas ! ils ne veulent plus être parmi nous et avec nous. Ne négligez aucun des moyens que votre charité, toujours plus ingénieuse, doit vous suggérer dans toutes les occasions. Affligez-vous sincérement sur leur sort : hélas ! ils marchent dans les ténèbres, dès qu'ils ne suivent pas Jésus-Christ. Soyez fermes, soyez inébranlables dans la profession que vous faites du catholicisme ; que vos mœurs soient pures et irrépréhensibles ; qu'elles soient la preuve de votre foi, et que votre foi soit la règle de vos mœurs. Soyez de vrais enfans de Dieu ; soyez sans tache au milieu d'une nation dépravée et corrompue.

Désormais, M. T. C. F., vous allez vous trouver dans une position d'autant plus périlleuse, que l'occasion en sera plus prochaine et presqu'inévitable : ce temple, cette chaire, ne retentira plus des oracles divins, des vérités les plus importantes de la Religion, surtout de celle qui fait, dans notre exil, notre consolation la plus chère et la plus intime, comme elle est le gage toujours subsistant de l'amour de J. C. pour son Eglise : le dogme essentiel de la présence réelle. Combien vous devez vous défier de vous-mêmes, et être sans cesse sur vos gardes ! votre foi serait exposée au plus grand danger, et ferait infailliblement le plus triste naufrage, si, par faiblesse ou par une curiosité bien déplacée, vous veniez prêter l'oreille à un enseignement aussi funeste, aussi meurtrier pour vous, qu'injurieux à tout l'amour de J. C. pour les hommes. Aveugles scrutateurs de l'œuvre de J. C., des docteurs élevés à l'école de la Chair et du Sang n'y trouvèrent que des abîmes impénétrables ; et ne raisonnant et ne disputant qu'en hommes sur ce grand mystère de Dieu, ils en perdirent et la foi et les fruits. Des sens trop grossiers n'y voyaient, à Capharnaum, que l'invraisemblance : comment celui-ci peut-il nous donner sa chair à manger ? Les hétérodoxes de nos jours n'y apperçoivent que de l'impossibilité. Mais c'est le mystère le plus imposant, *mysterium fidei*, le mystère de la foi, le mystère de la miséricorde, le mystère de l'amour de Dieu, *mysterium pietatis*. L'obscurité qu'il présente à nos yeux, les ténèbres qui l'environnent, ne sont-elles pas compensées par tout l'éclat qu'il répand ? J. C. sur nos autels est un bel astre qui éclaire le monde entier : *sicut tenebrae ejus, ita et lumen ejus*. Douter de sa présence dans nos tabernacles, c'est douter s'il a jamais existé, et s'il a opéré notre rédemption. Est-il quelqu'un, disait S. Augustin, à qui la croix de J. C. soit un objet de risée et de scandale ? Est-il quelqu'un, même aujourd'hui, à moins qu'il ne soit aveuglé, et qu'il ne s'aveugle étrangement lui-même, qui ne voye tout le grand jour que lui présente le grand et l'adorable mystère de nos autels ? Paille méprisable de l'aire de J. C., l'hérésie, l'impiété peuvent bien se fermer les yeux, et se porter à cet excès d'en faire le sujet de leurs railleries et de leur mépris : *palea areae ipsius irridet eum*. Mais vous, M. T. C. F., vous êtes les grains choisis de l'aire ; vous avez le dépôt de la véritable foi ; et elle est le flambeau qui éclaire et qui dirige votre jugement et votre raison. Grains respectables, vous dirai-je avec S. Augustin, écoutez avec attention, et jugez de la doctrine de l'Eglise par ces paroles de l'apôtre : N'est-il pas certain, n'est-il pas plus qu'évident, que ce pain que nous transformons à l'autel, et que nous y prenons pour vous le distribuer, est réellement substantiellement la communion du corps de J. C. ? N'est-il pas vrai que le calice de bénédiction que nous bénissons est la communion réelle, véritable, non figurative ou imaginaire, du sang de J. C. ? La bonne raison, et la foi qui en est le supplément, le persuadent et l'assurent. Que la raison, que la foi, ne perdent donc jamais rien de leur lumière, et que leur éclat dissipe toujours les lueurs trop ténébreuses de nos mécréans et de nos impies. Ils ont, hélas ! tout perdu, la foi, la raison, les mœurs : ennemis sans doute bien déplorables et bien faibles, ah ! qu'ils sont coupables! mais ils sont nos frères : qu'ils sont infortunés ! qu'ils sont à plaindre ! ils sont sans Dieu, dès qu'ils sont séparés de la communion de J. C. Vous le demanderai-je encore avec S. Augustin : y en aurait-il parmi vous ? Y en aurait-il un ? Y en aurait-il plusieurs ? *Utinam unus esset ! utinam duo !* Ah ! qu'il serait consolant pour vous et pour moi, M. T. C. F., de pouvoir déchirer aujourd'hui le voile grossier, le bandeau fatal, dont les préjugés, dont les passions ont couvert leurs yeux. Nos péchés nous les ont peut-être fermés à nous-mêmes, ces yeux de la foi. Ne peut-on pas nous faire le sanglant reproche d'avoir contribué, et de contribuer encore tous les jours à leur aveuglement et à leur impiété ? Oui, sans doute, nos irrévérences dans le lieu saint, notre éloignement de la Table sainte, notre indifférence, nos dégoûts pour la nourriture céleste, et, le dirai-je ! nos sacrilèges les entretiennent dans l'aveuglement et dans l'erreur. Peuvent-ils en effet penser que nous croyons la présence réelle de J. C. sur nos autels ou dans nos tabernacles, lorsqu'ils savent ou qu'ils sont témoins de la rapidité scandaleuse avec laquelle nous célébrons nos saints Mystères, avec quelle dissipation extravagante on y assiste ? Lorsque nos assemblées sont plutôt des assemblées théâtrales, des assemblées profanes, que des assemblées religieuses, ne sont-ils pas autorisés à nous dire : quel est donc ce Dieu que vous adorez ? Vous êtes des idolâtres, si vous ne le croyez pas présent ; et si vous le croyez, vous êtes des sacrilèges profanateurs. Il est de votre intérêt, de votre honneur, de faire cesser ces sanglans reproches : ouvrez enfin les yeux, ces yeux éclairés du cœur, dont parle l'apôtre, et sur la croyance que nous devons à cet auguste Mystère de la Religion, et sur tout le culte que nous devons lui accorder. On ne l'honore solidement que par l'amour : *non colitur nisi amando* : et l'amour n'est point oisif ; il se manifeste par les œuvres. Ce n'est point assez d'opposer à l'erreur des hétérodoxes, la foi de la présence réelle de J. C. dans le sacrement de son amour ; il ne suffit pas de professer la transubstantiation, c'est-à-dire, le changement de la substance du pain et du vin, au corps et au sang de J. C. ; il ne suffit pas de l'adorer par les sentimens de la foi,

foi, il faut participer à ce grand Mystère par la manducation réelle de ce précieux sang, de ce corps adorable.

Dieu est tout puissant, Dieu est tout miséricordieux, dit un prophête : voilà les deux principes fondamentaux de ma foi ; voilà les deux beaux flambeaux qui éclairent ma raison. Dieu est tout puissant : et dès qu'il a pu tirer cet univers du néant, ne peut-il pas, dit un illustre Père de l'Eglise, transformer la substance du pain, comme il transforma celle de l'eau à Cana ? Il est tout puissant : et qui oserait dire le contraire ! et qui oserait mettre des bornes à ses volontés et à sa puissance ! Il est tout miséricordieux : et s'il a voulu mourir pour nous sur une croix, s'il a répandu tout son sang pour nous, n'était-il pas de sa sagesse, de son amour infini, d'ajouter à ce grand sacrifice tous ceux qui se font chaque jour sur nos autels ? Dieu est tout puissant et tout miséricordieux : ajoutons, M. T. C. F., et disons en tremblant, il est infiniment juste ; et pour satisfaire chaque jour à la justice, à la colère d'un Dieu si outrageusement offensé, qui pourrait plus heureusement l'entreprendre, et y réussir plus sûrement que Jésus-Christ, et par un aussi grand sacrifice ? Une offense infinie ne réclame-t-elle pas une victime infinie ? De plus, nos corps n'existent que par la nourriture journalière que nous leur donnons : nos ames elles-mêmes n'avaient-elles donc pas besoin d'une nourriture journalière, et ne leur fallait-il pas la nourriture même d'un Dieu ? Faites pour le posséder éternellement un jour, quelle disconvenance peut-il donc y avoir qu'elles en vivent et qu'elles le possèdent déjà dans un exil et dans une vallée de larmes ? Enfin toute la gloire d'un Dieu exige tous les sacrifices de Jésus-Christ. Voilà, M. F., ce que les prophêtes nous ont laissé entrevoir ; voilà ce que l'évangile, ce que les apôtres, ce que les conciles, ce que l'Eglise, en un mot, nous a appris ; et voilà, sans doute, des preuves invincibles, que l'hérésie, que l'impiété, que l'incrédulité ne pourront jamais altérer ni détruire. Convenons-en donc hautement avec S. Augustin, M. T. C. F., l'absence du Seigneur de nos autels, prétendue par nos frères mécréans, cette absence n'est donc qu'apparente ; elle n'est donc qu'une chimère : *absentia Domini non est absentia.* Une foi vive, une foi épurée et agissante par la charité, une raison judicieusement éclairée par cette même foi, et animée par cette même charité, me le montrent tout entier dans ce grand sacrement. Ah ! mes Frères, nous ajoute ce docteur si vénérable et si imposant, qui a vengé si hautement Jésus-Christ, et terrassé tous les ennemis de l'Eglise, *eia Fratres*, loin de nous ces doutes, tous ces préjugés : où le Seigneur a-t-il voulu être reconnu ? N'est-ce pas dans la fraction du pain ? Nous sommes en sûreté, nous rompons le pain, et nous reconnaissons le Seigneur. Il n'a voulu être reconnu que là, et il l'a fait pour nous, qui, sans le voir dans sa chair, devions être nourris de sa chair. Consolons-nous donc par la fraction du pain ; dès que nous le rompons, nous sommes en sûreté : soyons enfin tranquilles : *eia Fratres, securi sumus.*

Oui, mon Dieu, il faudrait cesser de vous connaître, pour ne pas vous trouver tout entier dans votre sacrement; il faudrait s'abîmer dans les routes ténébreuses de l'hérésie et de l'incrédulité. Une foule de témoignages, ou plutôt votre parole, vos protestations, vos sermens ne suffisent-ils pas à notre foi, à notre raison ? Nous croyons, Seigneur, et c'est un don de votre grace; nous croyons avec vos apôtres et comme vos apôtres : *credo Domine.* Mais nous vous demandons avec eux, et comme eux, de nous aider, Dieu de lumière et de bonté, dans le défaut de foi où nous jettent malgré nous, et tout le poids de notre faiblesse, et toute la force de nos ennemis. Sauvez-nous; hélas ! nous périssons au-milieu d'une nation dépravée et corrompue, au-milieu d'un monde où l'on ne vous connaît plus, et où on ne cesse de vous outrager : *salva nos perimus.* Ah ! Dieu de bonté, Dieu de vérite, Dieu fort, Dieu tout puissant, Dieu miséricordieux, renouvellez vos merveilles; et, de grace, changez nos cœurs; donnez-nous votre esprit; que tout celui qui vous immole sur ces autels, soit le seul qui nous inspire, le seul qui nous remplisse.

Dieu tout puissant et éternel, exaucez les vœux que nous vous faisons pour nos frères égarés; vous ne voulez pas qu'aucun d'eux périsse; daignez les faire rentrer dans le sein de notre Mère la sainte Eglise catholique et apostolique; forcez-les de renoncer à l'obstination de l'hérésie, pour retourner à l'unité de votre vérité : renouvellez encore vos merveilles, ô mon Dieu : votre puissance et votre bonté est toujours la même dans le mystère de votre amour : il n'est point encore effacé ; il subsiste encore et il subsistera longtemps, le précieux souvenir de ce prodige éclatant, que, dans votre miséricorde, vous opérâtes en faveur de la nouvelle Hémorroïsse: nos jours sont bien plus mauvais que ceux de ce temps-là. Honteuse de la perversité de sa morale et de ses dogmes, l'hérésie se contentait de les propager dans l'obscurité ; et voilà qu'aujourd'hui, sous la protection des loix, elle vient élever autel contre autel, et répandre publiquement et avec autorité la corruption de sa morale et la perversité de ses erreurs : suscitez, parmi les ministres envoyés pour paître votre troupeau, quelques hommes puissants en œuvres et en paroles, qui, par leurs efforts, soutenus par la force de votre grace, puissent opposer une barrière salutaire et arrêter la propagation de l'hérésie. Dans ce temps-là, par l'abus le plus déplorable de l'autorité, des maximes aussi monstrueuses que celles de l'hérésie étaient enseignées publiquement, et l'acceptation du trop fameux décret comme règle de la foi, et loi de l'Etat, était rigoureusement exigé, sous peine d'anathême. Flétris par l'opinion publique, les défenseurs de la vérité ne recueillaient de leur attachement, que le mépris et l'exil, et les privations de toute espèce. Cependant, ô mon Dieu, et soyez-en béni dans tous les siècles, vous avez confondu, et l'hérésie d'une part, et l'erreur de l'autre. Dans le secret de vos conseils, vous avez réservé un de ces hommes flétris, pour opérer entre ses mains une guérison miraculeuse, qui constata, et la réalité de votre présence dans le sacrement, et la sainteté et l'innocence du ministre par qui vous l'opériez, et l'incompétence, et l'insuffisance, et l'injustice du trop fameux décret : votre bras n'est point racourci ; votre puissance est la même : suscitez, dans votre miséricorde, un successeur de ce vénérable pasteur, un de ces hommes selon votre cœur, et rempli de votre esprit, qui fasse revivre dans ce troupeau qui lui fut si cher, la saine doctrine, dont il fut un des plus zélés et des plus intrépides défenseurs ; la pureté de la morale, dont il fut l'observateur le plus fidèle et le modèle le plus accompli. Jettez un regard de miséricorde sur l'Eglise votre épouse, et en particulier sur notre Eglise gallicane, cette portion autrefois si distinguée par tous les bienfaits en tout genre dont vous l'aviez comblée. Hélas ! elle n'est plus reconnaissable aux traits grossiers qui la défigurent. Hâtez, Seigneur, les temps préordonnés que vous tenez en votre puissance : prêtez une oreille facile ; exaucez les vœux que nous vous adressons pour ce peuple perfide, ce peuple ingrat ; déchirez le voile dont leurs cœurs sont enveloppés ; nous vous conjurons de les faire sortir de leur aveuglement, afin que, sortis de leurs ténébres, ils vous reconnaissent, vous qui êtes la lumière souveraine, originale et substantielle qui éclaire tout homme qui vient au monde. Hâtez cet heureux temps où tous les peuples, réunis par les sentimens d'une même foi, par les liens d'une même charité, ne feront qu'un seul peuple d'adorateurs en esprit et en vérité ; afin qu'après vous avoir connu et adoré sous les voiles eucharistiques, nous ayons tous le bonheur de vous contempler à découvert, face à face, et de vous aimer constamment et sans crainte pendant l'éternité. Ainsi soit-il.

Nota. M. Brugière n'ayant pu citer que de mémoire la Lettre suivante qu'il n'avait pas sous les yeux, nous avons cru la devoir mettre ici.

AUX PASTEURS

DES VILLES ET DES CAMPAGNES.

6 Novembre, l'an premier de l'Egalité et de la République.

Reges obligati sunt et ceciderunt ; nos autem surreximus et erecti sumus (Ps. xix. v. 9.)

Les Rois ont été abattus, et ils sont tombés ; mais nous nous sommes relevés, et nous demeurerons fermes.

Si l'on en juge par ce verset que, depuis tant de siècles, vous chantez dans nos temples, Pasteurs, les événemens de ces temps reculés ne font que se renouveller. Les Rois, comme alors, sont tombés, et les peuples se sont relevés. Mais, *erecti sumus*, nous demeurerons fermes, et nous devons proscrire à jamais tout ce qui pourrait manifester un sentiment contraire.

Lorsque la confiance du peuple vous appella au ministère des autels, elle devint pour vous une récompense et une leçon ; l'une vous enchaîne à la reconnaissance, l'autre vous trace vos devoirs : le devoir et la reconnaissance vous font donc une loi de concourir, de tous vos moyens, à l'entretien et à la propagation de l'esprit public, au respect et au maintien des principes, du sein desquels doivent sortir un gouvernement sage et durable, et, avec lui, l'amour et la nécessité de l'ordre, la religion des loix. Vous ne pouvez méconnaître, encore moins contrarier cet esprit public qui s'élève aujourd'hui majestueusement sur la masse ténébreuse des préjugés, qui en captivait l'essor. Vous ne pouvez ignorer que le vœu national appelle hautement le gouvernement républicain sur les débris hideux d'une monarchie usurpatrice de nos droits ; que ce monument usé de notre antique et honteuse servitude est à jamais détruit, et que le nom de roi n'est plus pour la France régénérée, que l'objet d'un souvenir douloureux, ou d'un songe pénible qui avait long-temps tourmenté le sommeil de la liberté.

Cessez donc, Pasteurs, cessez de trahir, innocemment sans doute, et nos sermens et les vôtres. Nous avons tous adopté la République ; nous avons répudié les Grands, aboli la Royauté ; cessez donc, par de vaines oraisons, d'invoquer l'Eternel en faveur des Rois. Retranchez sur-tout de votre psalmodie, cette antienne impatriotique, cette invocation presqu'impie et criminelle aujourd'hui *Domine salvum fac Regem*, que le bon peuple chante encore; mais qu'il eût lui-même arraché de ses Heures, *si par la plus choquante des contradictions, et la plus perfide des combinaisons, on ne l'eût contraint jusqu'à présent, de chanter machinalement en latin des mots qu'il n'entend pas, tandis qu'il ne devrait s'entretenir avec l'Etre Suprême, que par les épanchemens de son cœur, et les exprimer dans sa langue naturelle et la plus usuelle. Notre révolution amenera probablement ces changemens salutaires* : mais il est instant, et vous le sentirez, dignes Pasteurs, d'effacer, dès-à-présent, dans vos Rituels, le *Domine salvum fac Regem.*

Vous ne pouvez employer, dans l'exercice du culte, une formule qui, tout-à-la-fois, attesterait votre attachement à des formes abhorrées ou oubliées, et semblerait entretenir dans l'esprit de vos ouailles, des souvenirs et des intentions antipatriotiques.

Voulez-vous que l'influence de la religion sur les mœurs publiques devienne, sous la sanction de la philosophie, une vérité pratique ? *rendez cette vérité respectable par son utilité, aimable par ses effets.* Ministres de l'Evangile, votre mission est sublime, si vous l'amalgamez en quelque sorte avec celle de nos infatigables législateurs, avec celle du Pouvoir exécutif, qui ne veut et ne peut connaître d'autre gloire, d'autre ambition, d'autre récompense que celle de seconder par son activité, sa vigilance, et sur-tout par son imperturbable viation sur la ligne de la loi, les travaux de la Convention. Entraînés par le pouvoir de l'habitude, il en est encore parmi vous qui font retentir dans nos temples d'absurdes invocations pour un Roi qui ne règne plus, pour des Princes qui ne sont plus que nos concitoyens ou nos ennemis. Ces observations, mon invitation fraternelle suffiront, sans doute, pour leur faire sentir que la patrie seule est ce qu'il faut sauver, et que c'est pour elle

elle, pour sa prospérité, que nous devons implorer la Providence.

Mais s'il en était quelques-uns qui s'oubliassent juqu'à blâmer les décrets des Représentans de la nation, et inciter le peuple à les méconnaître, qu'ils sachent que l'obéissance à la loi est la première vertu du citoyen, et que le prédicateur de la révolte est un insensé qu'on doit arrêter, ou un coupable qu'il faut punir.

Le Ministre de l'intérieur. *Signé* ROLAND.

A Paris, de l'imprimerie nationale-exécutive du Louvre. 1792.

OBSERVATIONS.

Sans nous arrêter au style de cette Lettre, si conforme au temps où le Ministre l'écrivit, il nous suffit d'observer ici que le vœu qu'elle exprime à tous les Pasteurs, a deux objets : le premier, de mettre, sur un point particulier, le culte d'accord avec la forme actuelle du Gouvernement ; le second, de le rendre, dans toute son étendue, instructif et utile aux bonnes mœurs. Le Concordat a confirmé ce vœu dans son premier objet, en substituant à l'antienne *Domine salvum fac Regem*, celle *Domine salvam fac Rempublicam, salvos fac Consules*. Il ne reste plus qu'à le confirmer dans le second, en substituant au latin que le peuple n'entend plus, le français que tout le monde entend. Le Gouvernement, qui a exigé le premier changement, a d'autant plus sujet d'exiger le second, qu'il n'est que le retour à l'usage primitif, et que c'est l'unique moyen de tirer du premier tout l'avantage dont il est susceptible. Ce fut par ces vues d'utilité publique et religieuse, qu'aux Saluts français de Sainte-Marie, on chanta toujours, tant pour la République que pour l'Eglise : *Seigneur, sauvez votre peuple, et bénissez votre héritage. Conduisez-les, et élevez-les jusque dans l'éternité bienheureuse*, avec la collecte pour l'Eglise, et celle pour la République ; et que, depuis le Concordat, on y ajouta : ℣ *Seigneur, sauvez la République.* ℟ *Sauvez les Consuls.* C'est sans doute par de semblables vues, plus ou moins réfléchies, et plus ou moins bien remplies, que le Père Guillou, ancien Lazariste, qui doit, à plus d'un titre, être exempt de toute suspicion, termine tous les jours ses conférences, à Notre-Dame, par l'intonation d'un chant français, auquel tous les assistans paroissent s'unir avec plaisir. Pourquoi vouloir bien instruire et édifier les fidèles par quelques morceaux isolés et détachés du culte, et ne vouloir pas le faire par tout le culte même ? Craint-on d'être trop utile ? Pour peu qu'on y réfléchisse, on ne peut donc douter qu'en exerçant le culte en langue vulgaire, on satisferait, dans toute son étendue, moins au vœu du ministre Roland, qu'au vœu et au besoin de toute la République et de toute l'Eglise. Que le Dieu de paix, qui dispose à toute bonne œuvre, daigne, dans sa miséricorde, y incliner tous les cœurs : alors les Ministres du culte chrétien pourront exalter, en toute assurance, la sainteté de ses mystères, la majesté de ses cérémonies, la pureté de sa morale, et son heureuse influence sur les mœurs, sur-tout par l'harmonie de ses chants vifs et animés, si propres à instruire, à exhorter, à édifier, à éclairer l'esprit, à toucher le cœur, à élever l'ame, à l'unir et à l'attacher à Dieu, à éloigner du vice, à porter à la vertu, à consoler dans les afflictions, à soutenir dans les épreuves, à encourager dans les difficultés, à fortifier dans les tribulations et les peines de tout genre : effets tous aussi intéressans que salutaires, et que le culte réduit à l'usage d'une langue inintelligible ne pourra jamais produire, quoique ce soit cependant là le véritable but et l'unique fin de son institution. Mais au-lieu de le rappeller promptement à ce but et à cette fin, comme l'exige rigoureusement l'intérêt des fidèles, la plûpart des ministres de la Religion ne témoignent de zèle qu'à repaître les yeux par la variété et la richesse des ornemens, et à flatter les oreilles par le son des orgues, ou à les étourdir par celui des cloches, tous objets qui ne parlent qu'aux sens, et ne sont propres qu'à attirer l'attention des curieux et les offrandes des simples, et non à exciter la piété et à nous dédommager de la privation d'une langue intelligible qui parle à l'esprit et au cœur, comme fesaient les Apôtres et les Pères de l'Eglise. Aussi le ministère de vie, que tous ces Saints exerçaient en langue vivante, était-il accompagné par-tout des plus abondans fruits; tandis que ce même ministère, exercé aujourd'hui en langue morte, est frappé d'une stérilité presqu'universelle. Il ne faut pas s'en étonner : la fin répond aux moyens. On n'emploie pas ceux que J. C. a employés, et que le S.-Esprit a établis, on n'en recueille pas non plus les mêmes fruits.

TABLE

DES MATIÈRES.

Fin de la Table.

www.ingramcontent.com/pod-product-compliance
Ingram Content Group UK Ltd.
Pitfield, Milton Keynes, MK11 3LW, UK
UKHW021139260726
13994UKWH00001B/208

9 782329 342429